Telepathie

Die Macht des Geistes

nach einer Vorlage von Karl Spiesberger

von
Frater Raskasar

Zum Buch:

Es handelt sich bei diesem Buch um die Ausbildungsmanuskripte des hermetisch magischen Ordens OAH (Ordo arcanum de Hermetica), herausgegeben und autorisiert vom Repräsentanten des Ältestenrates des Ordens, Frater Raskasar.

Weitere Titel aus dieser Reihe von Frater Raskasar:

Die Runen und das Ogham, Bohmeier Verlag 2006, ISBN 978-3-89094-475-3
Die vier Elemente in der Magie, Symbole d. Autorität, ISBN 978-3-89094-476-0
Edelsteine und das siderische Pendel, von Frater Raskasar und Sor. Kysira, ISBN 978-3-89094-693-1
Kundalini - Die Kraft der schlafenden Schlange, ISBN 978-3-89094-576-7
Exorzismus, Die Austreibung böser Kräfte, ISBN 978-3-89094-731-0
Blutmagie, Lebenskraft als Potential des Wirkens, ISBN 978-3-89094-730-3
Präkognition, Hellsehen oder das Zweite Gesicht, ISBN 978-3-89094-732-7
Satanismus, Ursprünge und Personifikation, ISBN 978-3-89094-734-1

ISBN 978-3-89094-733-4

Inhaltsverzeichnis

Hinweis des Verlages

Wir weisen darauf hin, dass diese Buchreihe erstmals Ordensinterna, d. h. ursprüngliche Manuskripte aus der theoretischen und praxisorientierten Arbeit weitergibt. Beim Lernen und Anwenden der Techniken innerhalb des Ordens, war und ist die Hilfe von Ordensmitgliedern meist selbstverständlich, so dass letztlich auch immer eine „Kontrollinstanz" gegeben ist.

Nun gibt es inzwischen viele Adepten, die sich alleine auf die ereignisreiche, aber auch gefahrvolle Reise der Selbsterkenntnis begeben.
So wie eine Tasse Kaffee Ihre Psyche und Physis in Form von Wachheit und Kreislaufanregung verändern kann, so können grundsätzlich alle Methoden und Übungen, die man sich erarbeitet, zu einer Geistes-, Gemüts- und Physis-Veränderung führen. Dabei ist es letztlich egal, was Sie tun: Ob Sie den ganzen Tag bei TV-Serien abhängen oder sich aktiv im Leben, im Beruf oder ‚sonst wie' und ‚sonst wo' befinden, – verändern werden Sie sich immer durch Ihr Tun und Handeln. Der kleine Unterschied zum „magischen Pfad" besteht (nur) darin, sich gezielt und bewusst hin zu seinen eigenen Wünschen und Ideen zu ändern.

Wir möchten deshalb unbedingt noch einmal ganz deutlich machen: *Das Anwenden und Verwenden der in diesem Buch beschriebenen Praktiken und Übungen, kann sich auf Ihre Psyche und körperliche Gesundheit auswirken* und sollte nur von einem geübten Praktiker (und/oder zum Teil nur unter Aufsicht) ausgeführt werden. Die absolut minimalste grundsichernde Voraussetzung, ist ein „magisches Tagebuch" welches kontinuierlich als „Kontrollinstanz" geführt wird.
Im Zweifel sollten Sie immer Rat (ärztlichen oder psychologischen) suchen. Dies gilt insbesondere auch dann, wenn hier Tipps zu Krankheiten, Beschwerden und Heilungsmethoden usw. gegeben werden.

Einige Titel aus dieser Reihe beschreiben Praktiken und enthalten Arbeitsanweisungen und Methoden, die weit vom üblichen Mainstream abweichen. Deshalb auch hier noch einmal der Hinweis: Alle auffordernden Textpassagen („Tue jetzt dies ..." und „als nächstes jenes …" stellen nur *Möglichkeiten* an eine Herangehensweise dar. Autor und Verlag weisen ausdrücklich darauf hin, dass sie *keinesfalls als eine Aufforderung* (etwas Bestimmtes zu tun oder zu lassen) *zu verstehen sind.* Keinesfalls wird hier zu Drogenkonsum, Straftaten und/oder ähnlichem aufgerufen. Jedes Lebewesen sollte (auch und gerade in seiner Unverletzlichkeit) respektiert werden.

Der Bohmeier Verlag ist frei von jeglichen Ansprüchen bezüglich eventueller Verletzungen von Körper, Gesundheit, Eigentum oder anderen materiellen und/oder immateriellen Werten oder Folgen, die durch den Gebrauch oder Missbrauch der in diesem Buch gegebenen Hinweise entstehen könnten. Die Verwendung dieses Buches und die Umsetzung der darin enthaltenen Hinweise erfolgt ausdrücklich auf eigene Gefahr.

Wir wünschen Ihnen viel Erfolg!

Übungstagebuch

<table>
<tr><td colspan="2">Übungsname:</td></tr>
<tr><td>Datum:</td><td rowspan="2">Übungsdauer von ______________
bis ______________________________</td></tr>
<tr><td>Ort:</td></tr>
<tr><td colspan="2">Übungsbeschreibung:</td></tr>
<tr><td colspan="2">Erlebnisse, Gefühle, Empfindungen während der Übung:

Probleme:

Problemlösungsideen:</td></tr>
<tr><td colspan="2">Besondere Vorkommnisse:</td></tr>
<tr><td colspan="2">Ergebnisse der Übung:</td></tr>
<tr><td>Ergebniszufriedenheit:</td><td>Wünsche:</td></tr>
<tr><td>Fortschritte:</td><td>Ziel:</td></tr>
</table>

Dies ist eine Kopiervorlage vom Bohmeier Verlag, die Sie frei kopieren und verwenden können.
Natürlich können Sie auch eine eigene Vorlage erstellen, angepasst an Ihre individuellen Übungen.

EINFÜHRUNG

Eine allen Magiern zugesprochene Fähigkeit ist wohl die Kunst der Telepathie. Und sicher ist es ein entscheidender Vorteil die Gedanken der uns umgebenden Menschen zu kennen oder anderen Menschen über weite Entfernungen eine Botschaft zukommen zu lassen. Um dies jedoch zu bewerkstelligen wird neben der entsprechenden Unterweisung und Übung ein starker Wille und größte Konzentration benötigt. Vor allem im Bereich der astralen Reisen sind es Fähigkeiten, wie die Telepathie oder die Telekinese, welche uns in Kombination ungeahnte Möglichkeiten durch deren Konditionierung erschließen.
Im Gegensatz zu den Geisteskonditionierungen wird heute jede neue Entdeckung und jede Erfindung als selbstverständlich hingenommen und wo es nur geht, praktisch ausgewertet. Wer empfindet heute noch etwas Besonderes, wenn er im Lautsprecher die Stimme eines inzwischen Verstorbenen vernimmt, welche auf einem Datenträger gespeichert wurde, wenn er in einem Fernsehgerät Ereignisse sieht, die sich auf einem anderen Kontinent abspielen oder abgespielt haben. Ganz natürlich empfindet man die Wunderleistungen der Technik, künden sich aber beim Menschen Wunderleistungen an, welche die gewohnten fünf Sinne überschreiten und das derzeitige Wissen in Frage stellen, dann sträubt man sich Tatbestände, welche längst bewiesen wurden, anzuerkennen und stellt sich taub und blind gegenüber parapsychischem Geschehen, wie wir es beispielsweise im Falle der Telepathie immer noch erleben, wobei dafür längst Nachweise erbracht wurden.

So stoßen wir beispielsweise bereits bei Agrippa von Nettesheim, dem Altmeister der magischen Wissenschaften und Doktor der Medizin, auf Belege über das Faktum der telepathischen Beeinflussung von Mensch zu Mensch, wie durch das folgende Zitat belegt werden kann:

„Auf ganz natürliche Art, ohne allen Aberglauben und ohne Vermittlung irgendeines Geistes ist es möglich, dass ein Mensch dem andern

auf jede noch so weite, ja sogar unbekannte Entfernung in der kürzesten Zeit seine Gedanken mitteilt. Ich verstehe dieses Kunststück und habe es öfters probiert; auch der Abt Tritheim versteht dasselbe und hat es ausgeübt.“

Auch Goethes Ansicht über Telepathie gleicht der von Nettesheim, was man einem Schreiben an Eckermann entnehmen kann:

„Es ist mir sehr oft passiert, wenn ich mit einem guten Bekannten ging und lebhaft an etwas dachte, dass dieser über das, was ich im Sinne hatte, sogleich zu reden anfing. So habe ich einen Mann gekannt, der ohne ein Wort zu sagen, durch bloße Geistesgewalt eine im heiteren Gespräch befindliche Gesellschaft plötzlich stille zu machen imstande war. Ja, er konnte auch eine Verstimmung hineinbringen, so dass es allen unheimlich wurde. Wir haben alle etwas von den elektrischen und magnetischen Kräften in uns und üben, wie der Magnet selber, eine anziehende oder abstoßende Gewalt aus, je nachdem, ob wir mit etwas Gleichem oder Ungleichem in Beziehung kommen.“

Du kennst sicher auch haufenweise Geschichten der Sorte: Der Freund des Bruders meiner Mutter hatte da neulich... Eine der bekanntesten, die interessanterweise in fast jeder Familie auftaucht, ist diese:
Meine Tante X hatte als junge Frau folgendes Erlebnis. Sie besuchte gerade Freunde, als sie plötzlich fühlte, dass ihre Familie in Gefahr war. Sie griff zum Telefon und versuchte bei ihren Lieben anzurufen, doch das Telefon war gestört. Verwirrt und verängstigt rief sie die nächste Polizeidienststelle an. Nach kurzen Nachforschungen teilte man ihr mit: Ihre kleine Tochter hatte mit Streichhölzern gespielt. Der Mann meiner Tante hatte plötzlich das Gefühl, dass meine Tante ihn vor irgendetwas warnen wollte und so sah er nach seinen Kindern. Die ganze Familie konnte vor dem Feuer gerettet werden.
Hatte die besagte Tante die Fähigkeit der Telepathie oder vielleicht ihr Mann? Diese Frage kannst Du leichter beantworten, wenn wir uns ansehen, was man unter Telepathie versteht:

Telepathie ist die Fähigkeit, innere Bilder, Töne, Gefühle und so weiter, ohne sie laut zu beschreiben, zu übermitteln und zu empfangen.

Das heißt, wenn Du einer anderen Person, ohne es auszusprechen, darauf zu zeigen oder ähnliches, ein Bild, zum Beispiel ein rotes Dreieck, übermittelst und die andere Person dieses Bild empfängt, dann habt ihr dies auf telepathische Weise durchgeführt! Es gab dabei einen Sender (Dich) und einen Empfänger (den anderen).
Wichtig ist, dass das Übermittelte tatsächlich auch genauso empfangen wird, wie es gesendet wurde. Damit wird klar, dass das Beispiel von der Tante kein Telepathie-Beispiel war. Zwar hatte die Tante eine Ahnung und ihr Mann auch, aber konkretere Beschreibungen wurden nicht geliefert.

Telepathie wird ungefähr so empfunden wie normales Miteinander-Reden. Natürlich klappt das nicht von Anfang an, es kann schon vorkommen, dass am Anfang der Übungen etwas als Ahnung beschrieben wird. Im Laufe der Zeit jedoch wird diese Fähigkeit mit regelmäßiger Übung immer besser, bis Du die Fähigkeit der Telepathie vollkommen beherrschst und die Gedanken anderer Menschen auch dann „hören“ kannst, wenn diese sie Dir nicht bewusst übermitteln. Das größte Hindernis hierbei stellen anfangs die eigenen Zweifel dar, welche eine Entwicklung dieser Fähigkeit und den Empfang nicht nur stören sondern gänzlich verhindern. Wenn Du diese Fähigkeit jedoch erst einmal erfolgreich angewendet hast, dann sind Zweifel überflüssig, denn das, was Du erfahren hast, kann jederzeit von Dir überprüft werden.

Beispiele angewandter Telepathie

Das Wirken des Barton Stay

Als Prototyp eines Magiers des telepathischen Zweiges, allerdings vorwiegend der schwarzen Richtung, kann der am 11. März 1811 in Südschottland geborene Barton Stay bezeichnet werden. Schon als Schuljunge beeinflusste Stay gedanklich seinen Lehrer. Bald hatte es der Knabe dahin gebracht, dass jener ihn nur mehr dann aufrief, wenn ihm die Fragen behagten.
Im Alter von achtzehn Jahren wagte sich Stay bereits an sympathisch magische Arbeiten. Alsbald verzichtete er hierbei auf das Auflegen der Hände. Schließlich hielt er auch seine Hand nicht mehr dem zu Behandelnden entgegen, sondern heilte, nachdem sein „Wille durch Übung gestählt" war, nur mehr mit seiner Willenskraft; direkt und auf Entfernung. Leider erprobte Barton Stay die außergewöhnliche Macht seines Willens späterhin auf wenig schöne Art. Bereits in jungen Jahren, war sein erstes Opfer seine Kusine, ein tugendhaftes Mädchen. Nur um für sich ein Exempel seiner telepathischen Fähigkeiten zu statuieren, machte er der Ahnungslosen eine Liebeserklärung in griechischer Sprache, von der sie keine Silbe verstand. Allein das Mädchen, das vor dem unerwartet im Garten Erscheinenden zuerst hatte fliehen wollen, auf dessen stummen Befehl sich sodann gesetzt hatte, lauschte gespannt den unverständlichen Worten des Verführers und sank schließlich hingebungsvoll an dessen Brust. Folgender Ausspruch Stay's veranschaulicht wie dies möglich war:

„Legt nur eure Seele, legt euren festen Willen in eure Worte, und man wird euch gehorchen, in welcher Sprache ihr auch reden mögt. – Die Fixierung des Geistes durch die Worte ist es, welche die Fesseln für das schwächere Wesen schmiedet, das sich vertrauensvoll in den Willen des Stärkeren fügt."

Die Bedauernswerte wurde Stay's willenloses Werkzeug. Auf seinen gedanklich ausgesprochenen Befehl kam das Mädchen und tat, was er verlangte.

Seinen Gläubigern, auf das Empfindlichste von ihm geschädigt, trat er, wie er wörtlich versichert, mit festem Blick und unerschütterlichem Willen entgegen. Nicht nur bändigte er die zu Recht empörten Gemüter, dank seiner gedanklichen Beeinflussung erzielte er darüber hinaus einen für ihn äußerst vorteilhaften Vergleich. Wenig später war er wieder ein vermögender Mann, der in London, wohin er übergesiedelt war, laut eigener Angabe die reichsten jungen Männer der hohen Aristokratie beherrschte.
Riesensummen brachte ihm des Weiteren eine gewagte Wette, die ihm gestattete seine Schulden zu bezahlen. Er hatte gewettet, er werde dem vor einigen Tagen erst angekommenen riesigen Löwen, von allen gefürchtet, Aug in Aug in dessen Käfig gegenübertreten. Im Beisein des Londoner Hochadels bezwang er die wilde Bestie, die sonst keinen um sich duldete. Ihm aber gehorchte sie zitternd. Willig trottete der Löwe im Kreise herum, genau die Richtung befolgend, die ihm Stay mit der Gerte wies. Ein abermaliger Triumph seiner mit einem gestählten Willen gepaarten Gedankenkraft.

Erlebnisse der Tibetforscherin Alexandra David-Neel

Von zwei aufschlussreichen Erlebnissen telepathischen Könnens tibetischer Magier, berichtet die französische Forscherin David-Neel und legt diesbezüglich folgendes Zeugnis ab:
Auf einer ihrer Reisen begegnete sie einem Lama in Begleitung von drei Mönchen. Wie es schien seine Schüler. Freundlich von ihm eingeladen, genossen sie und ihr Begleiter, den ortsüblichen Tee mit Tsamba (tibet. Nahrungsmittel aus Teig). Dabei fiel ihr Blick auf einen Holztopf mit geronnener Milch, welcher wahrscheinlich aus einem in der Nähe befindlichen Bauernhof stammte. Unmerklich flüsterte die Forscherin ihrem Begleiter zu: „Wenn der Lama fort ist, wollen wir bei dem Bauern um etwas Milch betteln."
Allein der Lama schien gehört zu haben, worum es ihr ging. Forschend sah er sie an, wandte aber sodann seine ganze Aufmerksamkeit einem jungen Mönch zu, der soeben mit einem durchgegangenen Pferd zurückgekehrt war. Regungslos sitzend starrte der Lama auf den Mann, der inzwischen den Ausreißer festgebunden hatte, dann

aber kehrt machte und wieder verschwand. Bald kehrte er wieder. Im Arm einen Topf mit dicker Milch. Fragenden Blickes wandte er sich an den Lama. Dieser, die stumme Frage verstehend, befahl dem Mönch, die Milch dem Gast zu geben. Ein Fall von der Erfüllung eines telepathisch gegebenen Auftrages, der wohl bei uns seinesgleichen sucht.

Einen zweiten Beweis, dass eine „Botschaft auf dem Winde“, wie diese Kunst in Tibet heißt, durchaus möglich ist, erhielt die Forscherin, als sie beschloss, einen Bönpo-Magier, der eben irgendwo in der Gegend ein tagelang währendes Zauberritual ausführte, aufzusuchen. Sein Schüler jedoch, der sich auf dem Wege zum Meister befand, wollte von diesem Vorhaben absolut nichts wissen. Also beschloss David-Neel, ihm heimlich zu folgen. Was dieser aber sofort durchschaute. Er meinte, es sei nicht nötig, dass er vorausgehe, um dem Lehrer den unwillkommenen Besuch anzukündigen, denn dieser wisse schon längst Bescheid. Er habe ihm bereits eine Botschaft auf dem Winde übermittelt.

Zweifelsfrei, so war es auch. Nicht lange, und es kreuzte ein Trupp Reiter ihren Weg. Eine Abordnung des Bönpo-Magiers, den David-Neel trotz Abratens seines Schülers sprechen wollte. In aller Höflichkeit ließ ihr der Magier sagen, sie möge ihren Vorsatz aufgeben. Niemand dürfe ihn sehen, höchstens ein schon eingeweihter Schüler könne an den Ort gelassen werden, an dem er seinen Zauberkreis errichtet habe.

Die telepathische Übermittlung bedeutet für das „Land des Schnees“, der Tibetforscherin zufolge, dasselbe wie für uns die drahtlose Telegraphie. Nur bleibt ersteres einer kleinen Minderheit von Eingeweihten vorbehalten.

Die Praxis

Vorbereitung

Es geht uns jedoch nicht darum zu erfahren, was andere erlebten und erreichten, sondern vor Allem darum, wie und wo wir selbst anpacken können und müssen, denn wenn wir in dieser Geistesdisziplin Erfolge verzeichnen wollen, bleibt uns eine intensive, zeitbeanspruchende Konditionierung kaum erspart.

Die Voraussetzung für den telepathischen Austausch hat jeder von uns, denn dies ist im Astral die eigentliche Vorgehensweise sich mitzuteilen, welche wir zwischen unseren Einkörperungen zu Genüge praktiziert haben.

Da unser Zensor diese Fähigkeiten jedoch, wie anderes pränatales Wissen auch, bei der Inkarnation ausblendet, verkümmert diese Fähigkeit mit unserer Geburt zur Begabung, welche gefördert und ausdauernd trainiert werden muss, um diese telepathische Gabe zu entwickeln.

Keinem, und sei er noch so prädestiniert für die telepathische Kunst, bleibt dieses Training erspart. Wie wir schon erfahren haben sind dabei, neben der Entspannung, unsere Konzentration und unser Wille die wichtigsten Voraussetzungen. Denke immer daran:

Gedanken sind Energie. Aktives Denken ist aktive Energie. Konzentriertes Denken ist konzentrierte Energie. Aus konzentriertem, zielgerichtetem Denken wird Macht.

Bei der Schulung haben wir zu unterscheiden: die Ausbildung zum Sender, dem aktiven Teil, sowie die Ausbildung zum Empfänger, dem passiven Teil. Zweckmäßig ist es, sich beiden Übungsgruppen zu widmen, da von vornherein wohl kaum feststeht, nach welcher Richtung hin die Begabung tendiert. Der ideale Zustand wäre es, wenn beide Fähigkeiten, Senden wie Empfangen, entwickelt werden. Allgemein gesehen, dürfte der eine mehr dem Aktiven zuneigen, der andere mehr Befähigung für das Passiv-Aufnehmende zeigen. Willensstarke dürften sich demzufolge mehr als Sender eignen, Gefühlsbetonte, Sensitive, mehr zum Empfang telepathischer Botschaften. Womit aber nichts Endgültiges entschieden sei. Mitunter kann sogar das Gegenteil der Fall sein. Wer kennt schon den Menschen in seinem innersten Grunde? Also bleibt uns nichts anderes übrig, als zu probieren, zu untersuchen und zu forschen.

Voraussetzungen für den Sender

Konzentration

Man kann durch verschiedene Vorgehensweisen zur Beherrschung der Telepathie gelangen, jedoch sind sich alle Kenner dieser Geistesdisziplin einig: die Hauptsache ist stets das feste Zusammenhalten aller Gedanken bis zum Trancezustand. Deshalb ist die erste Vorbedingung für die Übertragung der Gedanken, dass man den eigenen Geist völlig in der Gewalt hat. Nur wenn man jederzeit die Gedanken fest und unverrückbar auf einen und denselben Gegenstand geheftet halten kann, darf man mit Gelingen rechnen.
Die ausschließliche Hinwendung auf einen einzigen Gegenstand muss so weit gehen, dass alle anderen Gegenstände darüber aus der bewussten Wahrnehmung verschwinden. Um Meister darin zu werden, müssen Übungen vorgenommen werden, die zur Anspannung aller Gedanken auf einen einzigen Gegenstand führen, dass der Denkende schließlich eins mit dem Gedachten wird. Hierzu eignen sich unterschiedliche Konzentrationsübungen, welche jedoch mit größter Aufmerksamkeit durchgeführt werden müssen. Denn werden sie gedankenlos oder oberflächlich vollzogen, sind sie wertlos. Hier zwei Beispiele dafür:

1.) Begebe Dich in Deine gewohnte Meditationshaltung, schließe die Augen und komme mittels der Technik der Atempyramiden und des Etikettierens zur Ruhe. Wenn Deine Gedanken subtiler werden konzentriere Dich auf einen Gedanken und halte diesen über einen Zeitraum von 10 Minuten fest. Andere Gedanken welche sich hinzugesellen oder gewaltsam aufdrängen sind standhaft zu unterdrücken.

Schreibe das Resultat der Übung und Deine Erfahrungen in Dein magisches Tagebuch.

2.) Besorge Dir eine Uhr mit Sekundenzeiger. Begebe Dich in Deine gewohnte Meditationshaltung. Nun betrachte den Sekundenzeiger der Uhr. Konzentriere Dich nur auf ihn. Alles, was nichts mit dem Sekundenzeiger zu tun hat, ist eine Konzentrationsunterbrechung. Dazu zählen:

- Gedanken wie „ich konzentriere mich aber gut"
- Gedanken an das Mittagessen,
- das Ansehen der anderen Zeiger der Uhr,
- das Hören des Tickens der Uhr,
- das Hören anderer Geräusche aus Deinem Zimmer, etc. ...

Sobald Du an etwas anderes dachtest, schau auf die Uhr. Wie lange hast Du Deine Konzentration gehalten? Die meisten Menschen, die diese Übung machen, glauben, sie hätten sich länger als 30 Sekunden konzentriert. Viel realistischer sind 5 oder 10 Sekunden!!! Sei also nicht traurig, wenn es Dir nicht länger gelang. Wiederhole diese Übung so lange bis es Dir gelingt, Dich 10 Minuten ausschließlich auf den Sekundenzeiger zu konzentrieren. Schreibe auch hier das Resultat der Übung sowie Deine Erfahrungen in Dein magisches Tagebuch.

Gewiss können darüber hinaus die Gedanken noch speziell geschult werden und sollten es auch; vorzugsweise zur Erlangung des bildhaft-plastischen Denkens und der Imagination. Auf diese kommt es vor allem an. Lebhafte, in Bildform gefasste Vorstellung erleichtert die telepathische Übermittlung. Damit noch immer nicht genug; zu diesem eidetischen Denken tritt das gefühlsbetonte. Emotion vermag mehr als blutlose abstrakte Gedanken. Beim autogenen Training genügt es ja auch nicht, bloß Schwere oder Wärme zu denken, empfinden muss der Übende die suggerierte Schwere, verspüren muss er den Wärmestrom in seinen Gliedern. Ebenso ist es für den Sender notwendig über längere Zeit völlig zu entspannen und die entsprechenden Empfindungen und Gefühle imaginativ zu erwecken.

Mache es Dir dazu bequem und lasse alle Anspannung wie einen Bademantel von Dir abfallen.

Dieser meditative Zustand muss intensiv geübt werden; denn gelockert und gelöst sein ist die Voraussetzung von allem Weiteren. Völlige Passivität des Körpers wie des Gemütes führt erst zum Erfolg. Störendes hat zu schweigen. Ärger, Sorgen, Missmut und alle negativen Emotionen lenken ab und behindern die Konzentration. An ihre Stelle treten Gleichmut, Zuversicht und Selbstvertrauen.

Wenn Du mit der Übertragung eines Bildes beginnst, solltest Du keinen Monolog halten. Berühre zunächst den Gegenstand, denn Du solltest wissen wie sich der Gegenstand anfühlt. Dann stelle Dir das Gesicht des Empfängers vor, dessen Ausdruck, wenn er den Gegenstand ansieht, wenn er ihn berührt. Was notwendigerweise, außer einem durch Entspannung gezügelten Körper, eines durch Konzentration beherrschten Gedanken- und Gemütslebens und eines mit Fleiß und Ausdauer geschulten Vorstellungsvermögens bedarf.

Oberster Grundsatz:

Gedanken klar fassen! Keinerlei irrlichternde Nebengedanken! Jedes Gedankenbild scharf umreißen! Wenn die Gedanken des Senders unklar sind, erhält der Empfänger entsprechend nebelhafte Bilder.

Die Kunst der Gedankenbeherrschung umfasst zwei Phasen der Konzentration:
Eine aktive und eine passive. Ziel der aktiven Gedankenkonzentration besteht in dem beliebig langen Festhalten eines einzigen Gedankens oder Gedankenbildes, einer Vorstellung, ohne die allermindeste Störung seitens mentaler oder psychischer Eindrücke, von außen stammend oder im Innern aufzuckend; Ziel der passiven Konzentration ist die absolute Gedankenleere, ein Zustand, den nur wenige Menschen in letzter Vollkommenheit erreichen.
Bezüglich des aktiven Denkens hat David-Neel, die Tibetforscherin, Grundlegendes gesagt, welches beherzigt werden sollte:

„Der angehende Telepath versuche, und mag es noch so oft missglücken, einen einzigen, vorher genau umrissenen Gedankengang fest-

zuhalten. Allen ganz bestimmt auftauchenden Gedankenstörenfrieden zum Trotz! Er mache dies wie ein geschickter Photograph, der den Vordergrund des Bildes haarscharf einstellt, den Hintergrund dagegen möglichst verschwommen lässt. Zuerst bilde er den einfachsten, nicht mehr teilbaren Gedanken und denke nur ein den Gedanken bezeichnendes Wort, beispielsweise Ruhe, Friede, Kraft.“

Anhänger des Runenyoga werden sicherlich die Konzentration auf Runenworte wie Is, Os, Ur, Fa usw. bevorzugen. Diese sind die beste Vorstufe für alle folgenden Gedankenexerzitien. Yogapraktiker, besitzen in den mystischen Silben LAM, VAMM, RAMM ebenso wie andere einfache, der Konzentration förderliche Lautelemente.
Hat man einige Übung erlangt, im Denken von Silben und Wörtern, gehe man über zu knapp gefassten Sätzen. Etwa: „Meine Gedanken sind gesammelt“ oder „Ich bin geballte Kraft“.
Jeweils immer nur einen Satz, Wort für Wort langsam in Gedanken sprechen. Gerade für den Telepathen ist es unerlässlich, Wörter, Sätze, die er senden will, so prägnant wie nur möglich zu formulieren und konzentriert zu senden.
Zum Zweiten kommen wir zum bildhaften Denken. Genügt es bei abstrakten Begriffen wie Freiheit, Güte, Glück, das eine Wort, den einen Gedanken unentwegt festzuhalten, so tritt bei konkreten Dingen ein anderer, sehr wesentlicher Faktor hinzu: das Bild des gedachten Gegenstandes!
Denken wir an ein Haus, einen Baum, an ein Tier oder einen Menschen, dann genügt es nicht, bloß das Wort Haus, Baum, Tier, Mensch in Gedanken auszusprechen, sondern als Bild hat das Haus, der Baum, das betreffende Tier, der Mensch, der uns beschäftigt, vor dem geistigen Auge zu erscheinen.

Hinderlich dagegen ist es sich darauf zu konzentrieren, wie wir diese Bilder oder Worte übermitteln. Da Telepathie durch eine Übertragung von Unterbewusstsein zu Unterbewusstsein ist, stören Absicht und Aufmerksamkeit vor allem aber Zweifel, welche dem Ober- oder Wachbewusstsein zugerechnet werden. Unterstützend wirken Zuversicht und Überzeugung welche das Oberbewusstsein beruhigen und so die Entfaltung des Unterbewusstseins unterstützen welches seine Arbeit am besten im entspannten Zustand unseres Körpers verrichtet.

Wille

All unser Denken ist blass, bleibt wirkungslos, wohnt ihm nicht eine Dynamik inne, eine treibende Kraft: der Wille. Wir bedürfen seiner bei der gewollten Gedankenübermittlung ebenso wie bei der Konzentration. Doch echtes Wollen muss es sein, nicht ein das unterbewusste Wirken beeinträchtigender Willenskrampf. Willensschulung ist nichts Neues. Viel, fast zu viel schon wurde darüber geschrieben. Jedoch ist nicht nur für den Telepathen ein geschulter Wille, der gleichzeitig ein Höchstmaß an Konzentration darstellt, notwendig, auch im täglichen Zusammenleben mit Menschen ist stets der Willensstarke dem Willensschwächeren überlegen.
Des Weiteren ist die Steigerung der persönlichen Strahlkraft, oder Vitalkraft, wie andere sie zu bezeichnen pflegen, besonders wichtig für Telepathen wovon dieser, nach der Empfehlung von Carl Huter, neben der Willensenergie ein Höchstmaß anstreben soll.

„So, wie nun einesteils die Sinnentätigkeit gesteigert werden kann, so kann auch andernteils die Lebenskraft, der Gedanke, der Wille, ja das Gefühl selbst zu einer lebhaft nach außen wirkenden Kraft entwickelt werden.“

Voraussetzung hierfür sind ein gesunder Körper und ein diszipliniertes Gedankenleben. Dazu eine ausgeglichene Gemütsverfassung. Ärger, Furcht, Neid, Angst, Zorn, Wut sind Kraftverzehrer.
Vielfach, und nicht zu Unrecht, wird zwecks Stärkung des Willens der Kraftatem empfohlen, denn wer tief und bewusst atmet, kann nie zum Werkzeug anderer werden. Außerdem beruhigt und harmonisiert tiefes, rhythmisches Atmen. Auch hier zwei Übungen:

1.) Setze Dich an einen Tisch, stütze die Arme fest auf, fauste die Hände und drücke den Kopf gegen die Fäuste und denke ausschließlich nur:
„Die Kraft meines Willens ist täglich stärker!“

Beginne mit zwei Minuten, steigere vorsichtig bis fünf Minuten und nach und nach bis zehn. Schreibe das Resultat der Übung und Deine Erfahrungen in dein magisches Tagebuch.

2.) Setze Dich im Herrschersitz vor einen Spiegel, presse Deine Lippen fest aufeinander, ohne dabei jedoch zu verkrampfen. Blicke fest und konzentriert, jedoch ohne Forcierung, auf die Nasenwurzel Deines Spiegelbildes und atme dabei tief ein und aus. Ein Gedanke nur erfülle das Bewusstsein: Ich will! Schreibe auch hier das Resultat der Übung sowie Deine Erfahrungen in Dein magisches Tagebuch.

Voraussetzungen für den Empfänger

Genau wie der Sender muss sich auch der Empfänger schulen. Auch er muss Herr seiner Gedanken und Gefühle werden. Seine Aufgabe jedoch besteht vorzugsweise darin, sich leer zu machen. Nichts darf die ihm zugesandten Botschaften behindern; kein ungezügelter Gedanke, keine emotionale Regung. Gefäß hat er zu sein ohne störende Inhalte.
Die Rolle des bewussten Empfängers, der stets bereit ist, unmerkliche Gedankenwellen aufzunehmen, ist ebenso schwierig wie die des Senders. Infolgedessen ist auch für den Empfänger ein vorbereitendes Training unerlässlich. Seine Aufgabe ist es, die Sensitivität zu steigern und sich für fremde Gedankeneinflüsse aufnahmefähig zu machen.

Entspannung

Dem Körper muss jede Spannung genommen werden, bis zum völligen Vergessen seiner Existenz. Dies zuerst in Ruhelage, dann im Sitzen, letztlich im Stehen. Über den eigentlichen Zweck des passiven Zustandes hinaus ist jede Entspannungsübung auch eine Konzentrationsübung und fördert die Willenserziehung, denn es ist wahrlich nicht leicht, den Körper zu bändigen, und unterbewusste Konditionierungen dem Willen zu unterwerfen.

Da wir jedoch schon einige Übung in der Meditation haben, haben wir dazu bereits die erste wichtige Hürde genommen und können zur Überwindung der nächsten schreiten.

Gedankenstille / -leere

Hat der aktive Teil, der Sender, seine Aufmerksamkeit ausschließlich auf ein Wort, einen Satz, einen Gegenstand, eine Handlung zu richten, so ist es Aufgabe des Empfängers, sich Übungen zu widmen, durch die der Geist von jeder geistigen Tätigkeit entleert wird, so dass völlige Stille und Ruhe in ihm herrscht. Der Adept muss also, wenn er die Gedanken anderer lesen möchte, alle in seinem eigenen Geist aufkeimenden Gedanken unterdrücken. Ist ihm dies gelungen, so soll er alles, was sich an Gedanken, Gefühlen und Wahrnehmungen in ihm regt, ohne aus seinem eigenen Gemütsleben zu stammen, überwachen und nachspüren.
Völlige Gedankenleere erreichen dabei jedoch nur ganz wenige. Viel ist schon erreicht, hat man es zu einer weitgehenden Stillung der Gedanken gebracht sowie zu einer Ruhigstellung aller emotionalen Regungen, bei absoluter Passivität der körperlichen Belange. Der Zustand der Entspannung steht vor jedem Sich-Leermachen von Gedanken- und Gefühlsregungen. Je besser es gelingt, die Gedankenkulisse von eigenen Eindrücken zu reinigen, umso leichter und deutlicher treten die fremden Gedankenbilder in Erscheinung. Daher ist dies für das Gedankenlesen, neben der körperlichen Passivität, die wichtigste Voraussetzung.

Schulung des Unterbewusstseins

Bisweilen verändert das Unterbewusste den geplanten Versuchsablauf. Es blockiert ganz einfach den bewussten Gedankengang, und der Telepath kommt gegen diesen unterschwelligen Einfluss (dessen er sich natürlich nicht bewusst ist) nicht an.
Auf diesen Störfaktor stieß man schon in der Frühzeit der telepathischen Forschung. Versteckte man einen Gegenstand und brachte ihn hinterher an eine andere Stelle, so führte auch der Empfangende zunächst fast immer zum ersten Platz, und dann erst zum zweit gewähl-

ten Versteck. Nicht viel anders erging es mit Zahlen. Sobald der Sender sein Vorhaben änderte, z. B.: zuerst acht dachte, dann sich aber für die Fünf entschloss, wurde meist die erst gewählte Zahl genannt, die zuletzt gedachte erst später.
Daraus kann gefolgert werden, dass für eine erfolgreiche Übertragung nichts wichtiger ist, als das Vorstellungsbild so klar wie nur möglich zu umreißen, jedes Abschweifen davon zu vermeiden und niemals einmal Festgelegtes abzuändern. Wiederum ergibt sich daraus die Notwendigkeit einer systematischen Schulung der Gedanken- und Vorstellungskraft.

Fördernde und hemmende Umstände

Fassen wir noch kurz zusammen, welcher Art die Einflüsse sind, die das Zustandekommen telepathischer Phänomene begünstigen und welche sie beeinträchtigen. Als wissenschaftlich bewiesen dürften folgende Feststellungen angenommen werden:

- Empfangsbereitschaf des Empfängers ist Hauptbedingung.
- Widerstrebender Skeptizismus hindert.
- Gegenseitige Sympathie oder gar Liebe zwischen Sender und Empfänger steigert die telepathische Verbindung. Ebenso verstärkt längeres Zusammenarbeiten den Rapport.
- Beide Partner müssen gut aufeinander abgestimmt sein.
- Spontanes, unbeabsichtigtes Senden und Lesen von Gedanken kommt am ehesten dort zustande, wo Sender und Empfänger durch Liebe, verwandtschaftliche Bande oder längere Zeit hindurch stattgefundene telepathische Versuche eng miteinander verbunden sind.
- Wenn einer gerade an den anderen denkt oder beide im Augenblick sich mit den gleichen Vorstellungen beschäftigen.
- Eine Übermittlung ist erfolgversprechender, wenn der Empfänger sich in einem entspannten Zustand befindet, und sich auf das Empfangen der Nachricht eingestellt hat.

Als Empfänger eignen sich vor allem Frauen oder Sensitive, sensible Personen mit medialen Fähigkeiten, als Sender vor allem Männer oder Willenskräftige, die sich schon als Hypnotiseure bewährt haben.

Dr. Binet, der von seinen Versuchspersonen Meidung des Fleischgenusses und sexueller Beziehungen fordert, konnte feststellen, dass Personen, welche bei Annäherung einer Hand in der Gegend der Schulterblätter einen starken Wärmestrom verspüren, eine besondere Befähigung für Gedankenübertragung und Hellsehen besitzen, was sicherlich auch für die Disziplin des Astralwanderns zutrifft, da diese Personen immer wieder mitteilten, dass sie während der Übertragung das Empfinden haben, nach rückwärts gezogen zu werden.

Nach Prof. Dr. Gallegaris aus Rom soll es drei besondere sensitive Punkte am Körper geben, welche bei guten Empfängern und Sendern für Gedankenwellen besonders empfindlich sind: die rechte Nackenseite, der rechte Zeigefinger und die Gegend zwischen Wade und Fußknöchel. Der Nackenpunkt soll dabei jedoch der empfindlichste sein. Hochsensitive verspürten an dieser Stelle einen starken, ziehenden bis stechenden Schmerz.

Hilfestellung

Ehe der Sender mit der Übertragung beginnt, imaginiere er mit größtmöglicher Deutlichkeit das Gesicht des Empfängers und halte das imaginär plastisch Geschaute während des Versuchsverlaufes fest.

Der Telepath sende vor der eigentlichen Übertragung einen „verbindenden Faden“, ausgehend von seiner fluidalen Körpersubstanz zum Empfänger. Auf dieser fluidalen Leitung, dieser energetischen Brüche, sende er seine Gedankenbotschaft.

Andere nehmen bei Experimenten auf weite Entfernung in Gedanken den Weg, der zum Versuchspartner führt. In Luftlinie einfach oder Etappe auf Etappe: das Zimmer verlassend, die Treppe hinunter, zum Haustor hinaus, Straße um Straße, hin zum Haus des Partners, zur Wohnungstür hinein, ins Zimmer des Empfängers, nunmehr sich dessen Gestalt so lebhaft wie möglich ausmalend und sodann auf

dieselbe überzeugend in Gedanken einredend, suggerierend, die Gedankenprojektion gewissermaßen ins Gehirn hämmernd.
Es leuchtet ein, dass dieser Versuch am ehesten Wert hat, wenn Gewissheit besteht, dass sich das Versuchsobjekt tatsächlich an dem gedanklich angepeilten Ort befindet.
Verschiedene stellen sich eine schwarze Tafel vor, auf die sie das zu übermittelnde in hellem Weiß erscheinen lassen.

Mag die Vernunft über derlei unterstützende Mittel lächeln, dem Unterbewusstsein, welchen in diesen Disziplinen eine große Rolle zuteilwird, sind derlei unterstützende Suggestionen jedenfalls willkommen, welche dadurch eine Übertragung erleichtern.

Eine Erfahrungstatsache noch: Bevor nicht die Versuchspartner gut aufeinander eingespielt sind, sollten Unbeteiligte dem Experiment fernbleiben. Gerade am Anfang der telepathischen Praxis glücken Versuche bei weitem besser, wenn der Sender mit dem Empfänger allein in einem Zimmer ist. Es hat sich wiederholt gezeigt, dass gerade bei Personen welche diese Fähigkeit noch nicht ausreichend konditioniert haben, jeder fremde Gedanke irgendeiner in der Nähe befindlichen Person die klare Übertragung übersinnlicher Eindrücke sofort erschwert oder sie am Anfang gar verhindern kann. Manche Versuche, die den Experimentierenden, wenn sie allein oder nahezu allein waren, unfehlbar gelangen, missglückten, wenn sie vor fremden Personen wiederholt wurden, die nicht lebhaft an diesen Experimenten teilnahmen oder gar mit dem böswilligen Vorurteil zugegen waren, dieselben jedenfalls für Täuschung oder gar Betrug erklären zu wollen. Letztgenanntem Personenkreis verwehre man auf alle Fälle den Zutritt zur telepathischen Forschungsarbeit.
Übrigens verfahren die tibetischen Meister der Telepathie nicht anders. Sie ziehen es ebenfalls vor, mit dem Schüler allein zu sein in einem vom Lärm verschonten halbdunklen Raum. „Am Schluss der Übung teilt der Schüler seinem Lama die verschiedenen Grade seiner unterdessen aufgetauchten mannigfaltigen Gedanken, Gefühle oder Wahrnehmungen mit. Alles, was dabei der Betrachtung des Meisters gleicht oder etwas davon abweicht, wird genau aufgeschrieben."

Witterungseinflüsse und energetische Felder

Um den Telepathen zusätzlich Energie zuzuführen, wurden Versuche unternommen bei welchen die Probanden während der Ausführung mit eigens geschaffenen Magnetfeldern umgeben wurden. Schwache Felder genügen dazu vollkommen. Unter diesem Einfluss sollen sich die Versuchsergebnisse bedeutend verbessert haben. Nicht zu unterschätzen ist auch die Wetterlage. So fällt beispielsweise die telepathische Praxis bei Gewitter schwer oder wird fast unmöglich, da diese induktiven Kraftfelder genau wie auch die natürlichen Magnetfelder der Erde die psychokinetische Kraft beeinträchtigen. Auch im Rahmen der Kirlianfotografie stellte man fest, dass Veränderungen im Kosmos und in der Atmosphäre, der Jahreszeiten, Mondphasen, Gezeiten und des Wetters im Energiekörper ihre Resonanz findet.

Ähnlich den Temperaturen variieren täglich die Magnetfelder. Selbst Sonnenflecken sind von Belang, da durch solche Aktivitäten der Sonne magnetische Störungen auf der Erde auftreten, welche ein psychokenetisches Wirken begünstigen. Man staune, der Sonnenfleckeneinfluss erstreckt sich sogar auf das einzelne Individuum (gemeint ist die solare Aktivität zur Zeit der Geburt eines Menschen). Astrologisch gut bewanderten Telepathen gibt so auch das Geburtshoroskop sowie die transitorischen Übergänge zum Zeitpunkt des Experimentes weitere Aufschlüsse.

Dass Medien von Unwägbarem abhängig sind, wodurch nicht selten die Qualität ihrer Leistung herabgemindert wird, die diese innerhalb weniger Stunden erheblich schwanken lässt, kann immer wieder festgestellt werden. Jedem Praktiker ist es nur zu bekannt, wie unterschiedlich die paranormalen Erscheinungen auftreten und wie selten sie sich Wunsch entsprechend wiederholen lassen. Nicht umsonst verweisen alte magische Praktiken auf die Witterungseinflüsse, auf die man zu achten hat.

Dies ist auch der Grund, warum vor jeder magischen wie auch vor jeder telepathischen Handlung die genauen Umstände, der Zweck und im Nachhinein auch das Ergebnis einer Handlung schriftlich festgehalten werden soll, denn nur durch die konsequente Aufzeichnung werden Ergebnisse vergleichbar und dadurch leichter reproduzierbar.

Welcher Ort eignet sich

Grundsätzlich solltest Du in der Lage sein, Telepathie überall durchführen zu können, aber gerade am Anfang der Arbeit ist es besser in einen dafür eingerichteten Raum zu üben, um deine Konzentration zu fördern. Dieser Raum kann durchaus auch für Meditationen, spiritistische Arbeiten oder Arbeiten in anderen Geistesdisziplinen, wie die Telekinese, verwendet werden.

- Der Raum sollte abgedunkelt, nach Möglichkeit in einem dunklen Blau gestrichen und nur durch Kerzen erleuchtet werden.
- In dem Raum sollten so wenig Gegenstände und Möbel wie möglich sein, sinnvoll ist ein Tisch, mehrere Stühle, Kerzenständer und ein Schrank für die Aufbewahrung der Utensilien.
- Im Raum befinden sich neben Stühlen auch Meditationskissen, je nach bevorzugter Haltung.
- Im Raum ist genug Platz, dass sich mehrere Personen einander gegenüber setzen können.
- In diesem Raum wird während der Sitzungen nicht gesprochen.
- Jeder hat seinen ganz persönlichen Platz in dem Raum, den er immer bei den Sitzungen einnimmt.
- Der Geruch der Räucherungen sollte nicht aufdringlich sein, um die Sinne nicht abzulenken.

Übungen

Bevor man zu den telepathischen Versuchen schreitet, wie sie auf den nun folgenden Seiten dargelegt werden, ist es angebracht, sich eine Zeit lang in der Kunst der Gedankenleere zu üben.
Ein Leermachen, ein Leerwerden ist nicht nur für den Empfänger notwendig, auch der Sender muss danach trachten, den nicht gewünschten, ihn behindernden Gedankenstrom weitmöglich einzudämmen, um absolut klare, eindeutige Vorstellungen bilden und übermitteln zu können.

Stehen die Teilnehmer fest, ist anzuraten, dass diese sich auf gleiche Weise auf die Experimente vorbereiten. Erst die Versuche werden zeigen, wer besser befähigt ist zum Senden und wer mehr zum Lesen der Gedanken taugt. Schon aus diesem Grunde sollte man sich in beiden Funktionen versuchen.

Vorübungen

1. Vorübung:

Man begebe sich in seine Meditationshaltung und entspanne sich gründlich, wie wohl hinlänglich geübt. Ist der Zustand von Ruhe, Stille, Schweigen erreicht, schalte man (soweit es eben im Moment möglich ist) jeden Gedanken ab und verweile einige Minuten weitgehend gedankenleer.

Ausführung:

Sieben Wochen, täglich nach dem Aufstehen und vor dem Zubettgehen stets zur selben Stunde.
Schreibe jeweils das Resultat der Übung und Deine Erfahrungen in Dein magisches Tagebuch.

2. Vorübung:

Schneidet man mit der ersten Vorübung einigermaßen gut ab, folge die zweite:

Nachdem die zum Ziel gesetzte Gedankenleere eingetreten ist, wird ein einziger vor Übungsbeginn bestimmter Gedanke eine Zeitlang festgehalten. Ist hierin einige Übung erlangt, wird dieser eine Gedanke (aber wirklich nur dieser eine!) ausgestrahlt. Erst ohne auf ein bestimmtes Ziel gerichtet zu sein, späterhin jedoch auf eine festgelegte Zielperson gelenkt.

Ausführung:

Drei Wochen, täglich vor dem Zubettgehen stets zur selben Stunde. Schreibe auch hier das Resultat der Übung sowie Deine Erfahrungen in Dein magisches Tagebuch.

Übungen zur Entwicklung der Aufnahmefähigkeit

Zur Steigerung des „Feingefühls“ einige Übungsversuche:

1.) Man stehe aufrecht bei verbundenen Augen und atme gelassen, langsam, bar aller Vorstellungsinhalte. Soweit es eben zu bewerkstelligen ist, versucht man gedankenleer zu bleiben. Ist man soweit, streckt man Arme und Hände gelockert nach vorne, die Finger mäßig gespreizt, sie gleichsam vorsichtig tastend bewegend. Die Beine sind gelockert, der entspannte Körper schwingt auf den wippenden Zehenspitzen mit. Besonders in den kurzen Gehpausen, wenn man sich nicht schlüssig ist, nach welcher Richtung man sich wenden soll. Der ganze Mensch werde zu einer aufnehmenden Antenne.

2.) Der Empfänger verharrt in obiger Pose. Der Sender stellt sich möglichst lebhaft vor, welche Art von Bewegungen der Empfänger vollziehen soll. (Scharf denken. Kein Vermischen der einzelnen, hintereinander zu vollziehenden Betätigungsformen. Kein Ineinanderwerfen in verwaschenen Gedankensprüngen!)
Dabei erproben, was der Aufnahmebereitschaft des Empfängers besser entspricht: präziser Gedankenbefehl oder mehr ein gütliches mentales Zureden im Tone freundlicher Unterhaltung ohne hypnotischen Zwang. Schreibe auch hier das Resultat der Übung sowie Deine Erfahrungen in Dein magisches Tagebuch.

3.) Der Sender, welcher sich dabei auf das Stärkste konzentriert, durchstrahlt einen handlichen Gegenstand eine Zeitlang mit seinem Od. indem er das Objekt mit der Rechten (oder beiden Händen) umfasst. Hierauf legt er es in die Reihe anderer ähnlich großer Objekte. Jedes zehn bis zwanzig Zentimeter voneinander entfernt.
Damit ist die Gedankentätigkeit des Senders beendet. Er schaltet nun mehr ab, alles Weitere ist Sache des Empfängers, der sich in der Psychometrie (Psychische Messung oder Vergleiche im Bereich der Odanhaftung, worunter auch die sog. Biosignaturen zählen, welche individuelle und unverwechselbare körpereigene, energetische Schwingungsmuster abbilden) zu schulen versucht.

Er nimmt die oben geschilderte Ausgangsstellung ein. Jetzt besonders gelockert und gedankenleer! Die Fingerspitzen streichen wie fühlend über die Objekte, ohne sie dabei zu berühren. Der Empfänger setze solange sein Bemühen fort, bis er zu empfinden glaubt, von einem der Gegenstände gehe eine Strahlung aus, er werde von diesem gewissermaßen angezogen, so, als müsse er unwillkürlich danach greifen.

4.) Das Willing-Game, ein populäres Gesellschaftsspiel, das in England den Anstoß gegeben hatte zur wissenschaftlichen Erforschung der telepathischen Phänomene. Das „Willenspiel“ wurde in verschiedenen Varianten durchgeführt. Am besten soll es mit Kindern geglückt sein.

1. Variante:
Ein beliebiger Gegenstand wird in Abwesenheit des Empfängers versteckt. Nachfolgend werden diesem die Augen verbunden und zwei Sender oder „Wollende“ legen je einen Finger auf die Schulter des Empfängers (oder berühren ihn sonst wie mit den Händen) und agieren als „Führer“ ohne dabei etwas zu sprechen oder durch Körperkontakt etwas mitzuteilen. Die beiden Führer konzentrieren sich lediglich auf die genaue Richtung, wo sich das Versteckte befindet. Prägnant halten sie im Geiste jede Einzelheit des Weges und die Phasen der sonstigen Umstände, die zur Auffindung des Gesuchten führen, fest.

2. Variante:
Weitaus schwieriger ist die kontaktlose Form des Suchens. Ohne die Versuchsperson zu berühren, richten sämtliche Spielteilnehmer ihre Gedanken auf das Auszuführende, wobei es darauf ankommt sich auf den nächsten Schritt des Weges zu dem versteckten Gegenstand zu konzentrieren und auf den Empfänger zu vereinen.

3. Variante:
Eine weitere Art des Willenspiels bezieht bis zu fünf fächerförmig ausgebreitete Spielkarten aus den nach Karl Zener benannten Zenerkarten mit ein, von welchen der Sender mit der linken Hand eine Karte zog und konzentriert betrachtete wobei Daumen und Zeigefin-

ger seiner Rechten leicht das rechte Handgelenk des Empfängers, welcher die Augen verbunden hatte, an der Pulsader umspannten. Der Empfänger wartete passiv, gelöst und gedankenleer auf die in ihm aufblitzenden Eindrücke. Glaubte er den richtigen Impuls empfangen zu haben, so nannte er das auf der Karte befindliche Symbol.

4. Variante:
Bei dem Versuch werden 5 Zenerkarten (welche Du Dir selbst anfertigen kannst) in einer bestimmten Reihenfolge aufgelegt. Der Sender soll nun dem Empfänger Karte für Karte telepathisch übertragen, so dass dieser, welcher sich in einen anderen Raum befindet und die gleichen Karten als Stapel vor sich liegen hat, dieselbe Reihenfolge auflegen soll.

Abb.: Zenerkarten (das Deck besteht aus 25 Karten mit immer den gleichen Symbolen welche in schwarz, rot, grün, blau und gelb (orange) auf weißen Hintergrund gedruckt sind.

Übungen zur Entwicklung der Sendefähigkeit

Zur Steigerung der Gedankenübertragung einige Übungsversuche: Grundsätzlich sind alle Übungen insbesondere die Varianten des Willing-Game, welche bereits zur Entwicklung der Aufnahmefähigkeit genannt wurden, auch für die Steigerung der Sendefähigkeit geeignet, jedoch werden diese hier aus der Perspektive des Senders abgehalten bei welcher der Empfänger die Aufgabe der Überprüfung hat. Bevor man jedoch an diese Übungen herantritt, ist es ratsam seinen Geist durch die nachfolgenden Übungen zu konditionieren.

1.) „Wende Dich um!" Ein jederzeit durchführbarer Versuch.
Fixiert man eine Person, ohne dass diese es merkt, so ist es gar nicht so selten, dass sie sich umwendet. Ein nützlicher Vorversuch, der obendrein noch den Vorteil hat, niemanden erst um seine Mitwirkung ersuchen zu müssen. Schreibe die Resultate dieser Übung in Dein magisches Tagebuch.

2.) Wenn man in der ersten Übung einigermaßen Erfolge erzielen konnte, kann diese Übung erweitert werden und auf die Art Passanten gedanklich Juckreiz im Genick oder solange Mückenstiche suggeriert werden, bis sie sich kratzen und das lästige Insekt zu vertreiben versuchen. Schreibe auch hier die Resultate in Dein magisches Tagebuch.

In ungezählten Versuchen wurden so Ahnungslose zu Versuchspersonen, welche mentale Befehle (möglichst in der Nackengegend fixiert) für bestimmte Aktionen wie: „Drehe Deinen Kopf!" „Wende Dich um!" „Blicke mich an!" „Hebe den rechten Arm!" oder „Schlage die Beine übereinander!" und ähnlich lautete Suggestionen erhielten und diese bei genügend Willensstärke und Konzentration des Senders auch ausführten.

Karl Brandler-Pracht rät, sich bei mentalen Befehlen oder Suggestionen den rückwärtigen Teil des Gehirnes des Empfängers als offen daliegend vorzustellen. In diese Gehirnmasse soll man seinen Willen treiben, scharf und anhaltend und ohne jede Abschweifung!

3.) Versuche mit Zahlen und Worten:
Man vereinbare, eine Zahl (vorerst zwischen eins bis zehn, späterhin zwischen eins bis zwanzig und mehr) diese soll telepathisch übertragen werden.
Der Sender vermeide, die Zahl formlos, farblos, rein abstrakt zu denken; er konkretisiere sie, sehe sie deutlich vor sich, schwarz oder in anderer ihm zusagender Farbe, groß im Raum.
Der Empfänger im passiven Zustande versuche sie wie auf einem Bildschirm zu schauen. Doch lasse er sich Zeit, überstürze nichts, warte geduldig, bis die Zahl ganz von selbst auftaucht, dann nenne er sie. Schreibe auch hier das Resultat der Übung in Dein magisches Tagebuch.

Varianten:
Anstelle der Zahlen übe man auf die gleiche Weise Buchstaben, dann einfache Wörter (Vermeide jedoch komplizierte und Fremdwörter), darauffolgend einfache und kurze Sätze. Wähle dabei jedoch einfache Sätze wie Aussagesätze, Sätze die sich auf eine Wahrnehmung wie sehen, hören, fühlen, schmecken, riechen beziehen sowie Fragesätze einfachster Art.

Zunächst sollten sich bei dieser Übung Sender und Empfänger im gleichen Zimmer aufhalten, wobei der Sender anfangs bei der Übermittlung mit seinem rechten Daumen und seinem rechten Zeigefinger den Nacken des Empfängers umfasst. Eine weitere Steigerung des Anspruches erfährt diese Übung, wenn sich dabei Sender und Empfänger in verschiedenen Räumen aufhalten. Bei den Fragesätzen kann man auch wechselweise beide Bereiche trainieren, sollte jedoch notieren was als Frage vernommen wurde. Darauf folgen die Antwort und eine neue Frage. Die Fragen sollten dabei zunächst mit ja oder nein zu beantworten sein.

Festigung der telepathischen Fähigkeiten

Zur Konditionierung für den praktischen Gebrauch: Bei den nachfolgenden Übungen ist es anfangs sicher hilfreich, wenn sich Sender und Empfänger vor Beginn der eigentlichen Übung aufeinander einstimmen. Seht Euch dazu einige Minuten tief in die Augen und teilt Euch per Gedanken freundschaftliche Gefühle mit.

Das Aufeinandereinstimmen kann gerade am Anfang viel bringen! Geht freundlich miteinander um, verunsichert Euch nicht!

Besprecht auch nach Beendigung Übung gemeinsam wie diese gelaufen ist. Streitet Euch keinesfalls, wenn etwas schief gegangen ist. Prüft ganz sachlich, wer was gemacht hat. Durch geschicktes Fragen und Aufeinandereingehen findet Ihr leicht heraus, was Ihr noch verändern müsst.

1.) Wechselseitige Versuche mit Bildern

Auch bei dieser Übung, welche ebenfalls wechselweise stattfinden kann, befinden sich zunächst Sender und Empfänger im gleichen Raum, welcher ruhig und leicht abgedunkelt sein sollte.

Die beiden begeben sich dabei so in ihre Meditationshaltung, dass sie einander weder sehen noch einen unwillkürlichen Flüsterlaut vernehmen können. Bei den zu übermittelnden Bildern beschränken wir uns zunächst auf einfache Formen nämlich: Dreieck, Kreis, Quadrat und Stern. Diese Formen können in verschiedenen Farben übermittelt werden nämlich in: Gelb, Blau, Rot und Grün. Der Sender kann dazu unterstützend auch die Zenerkarten verwenden, welche er dazu vor sich legt. Nun leiten beide eine kurze Meditation ein bis sie entspannt sind und einen geklärten Geist haben. Der Sender imaginiert nun intensiv das entsprechende Symbol in der gewählten Farbe, so dass dieses deutlich vor seinen verschlossenen Augen steht oder er zieht einfach eine Karte aus dem Stapel, welcher mit den Bildern nach unten vor ihm liegt, hält diese Karte mit dem Bild direkt vor seine Augen und konzentriert sich einige Minuten darauf (wie Du es auch bei der Ladung von Sigillen kennen gelernt hast). Dann steckt er die Karte zurück in den Stapel, schließt die Augen und imaginiert ebenfalls das Symbol in seiner Farbe, klar und deutlich. Der Sender zeichne das Symbol im Geiste, in der Art, dass die Farbe direkt aus seinem Finger fließe, direkt vor das Gesicht des Empfängers, welches der Sender klar und deutlich einige Sekunden überdeutlich sehen kann. Anschließend imaginiert der Sender, dass er als Empfänger (aus der Sicht des Empfängers) die Farbe und Form des Symbols sehen kann.

Der Empfänger konzentriere sich dabei mit verschlossenen Augen auf den Punkt zwischen seinen Augenbrauen (was das Ajna-Chakra aktiviert) und entledige sich aller Gedanken. Dann wartet er, bis die erste Form oder Farbe auftaucht, wobei er keine Zweifel oder andere Gedanken hegt, sondern nur bereit ist zu empfangen. Wenn diese Ratschläge befolgt werden wird der Empfänger eine Farbe oder Form erkennen. Manchmal ist es jedoch so, dass sie nur kurz oder undeutlich auftaucht und dann immer wieder verschwindet. Das ist ein Anzeichen für Konzentrationsschwäche. Desgleichen ist es ein Anzeichen für mangelnde Konzentration, wenn die Farben und Formen wechseln. Mit regelmäßiger Meditation, Konzentration und Durchführen der hier genannten Übungen wird sich dies jedoch allmählich geben.

Wenn der Empfänger ganz sicher ist, die richtige Farbe oder Form gesehen zu haben, öffne dieser seine Augen und gebe dem Sender ein Zeichen worauf die Übung abgebrochen wird. Nun teile der Empfänger dem Sender das empfangene Symbol mit und vergleiche es mit dem Symbol welches von diesem gesendet wurde. Alternativ kann vom Empfänger auch die entsprechende Karte aus dem Kartenstapel des Senders gezogen werden.

Wenn die Übertragung erfolgreich war, wartet 5 Minuten und wiederholt dann die Übung mit vertauschten Rollen. Sollte die Übertragung noch nicht reibungslos funktioniert haben, so wiederholt Ihr die Übung mit gleicher Rollenverteilung nach 5 Minuten. Nach drei missglückten Versuchen ist es ratsam erst eine halbe Stunde Pause zu machen und dann gemeinsam eine Konzentrationsmeditation (Verfolgung eines Gedankens als Beobachter) durchzuführen, bevor die

Übung in der gleichen Rollenverteilung nach einer weiteren kurzen Pause wiederholt wird.
Wenn auch weiterhin Misserfolge auftreten, beendet die Übungen für diesen Tag. Wiederholt jedoch zusammen diese Übung solange bis diese von beiden Teilnehmern beherrscht wird.
Schreibe das Resultat der Übung sowie Deine Erfahrungen in Dein magisches Tagebuch.

2.) Übermittlung auf Distanz

Wenn die vorhergehende Übung vollkommen beherrscht wird, sollen sich die beiden Übungspartner nur noch kurz treffen um abzuklären, wer Sender und wer Empfänger ist, um anschließend aus verschiedenen Räumen die Symbole zu übermitteln.
Der Empfänger stelle sich dabei das Gesicht des Empfangenden vor sich vor, bevor er mit der Übermittlung startet.
Wenn auch dies gut funktioniert sollte damit begonnen werden die Vorbereitungszeit zu verkürzen. Ihr müsst soweit kommen, dass Ihr binnen 2 Minuten nach der Absprache in der Lage seid zu senden und zu empfangen. Zu einem späteren Zeitpunkt kann diese Übung auch in unterschiedlichen Gebäuden stattfinden. Nutzt dabei das Telefon für die Vor- und Nachbesprechung. Steigert Euch dabei solange bis Ihr auch ohne Absprachen in der Lage seid Euch zwischendurch kleinere Botschaften zu übermitteln. Später geht dazu über, den Aufenthaltsort nicht mehr anzugeben. Um Euch zu finden müsst Ihr Euch dann aufeinander konzentrieren und auf Signale warten. Mit etwas Übung geht das sehr gut.
Schreibe auch hier das Resultat der Übung sowie Deine Erfahrungen in Dein magisches Tagebuch.

Gedankenlesen

Nun wollen wir uns einer Form der Telepathie widmen, welche im Alltag dazu verwendet werden kann, um die Gedanken anderer Menschen ohne deren Wissen oder Zutun zu empfangen.
Führe diese Übungen jedoch erst dann durch, wenn Du in allen anderen Übungen über wenigstens 4 Wochen erfolgreich warst, denn die Gedanken anderer Menschen zu lesen ist sehr kompliziert, da die meisten Menschen sehr unkonzentriert sind. Viele sind nicht einmal dazu in der Lage, auch nur einen Gedanken klar zu formulieren.

Um die Gedanken fremder Menschen zu empfangen benötigst Du absolute Konzentration und Du musst in der Lage sein:

- Dich in die momentane Situation dieses Menschen hineinzuversetzen und deren augenblickliche Gefühle selbst zu fühlen.
- Dich ganz spontan auf jede Situation, die diesen Menschen betrifft, zu konzentrieren.
- In vollkommen anderen Denkstrukturen zu denken als es Dir selbst zu Eigen ist, da jeder Mensch anders strukturiert ist. Hier helfen Kommunikationstechniken aus dem Bereich der neurolinguistischen Programmierung kurz NLP.
- Vollkommen andere Worte und Weltmodelle zu verstehen. Hier helfen Bücher über Systemtheorie, Konstruktivismus, Mathematik, Formallogik etc.

Multiple Beobachterperspektiven

Hier sollen auf einige Perspektiven eingegangen werden, welche Dir behilflich sind die dazu erforderliche Flexibilität zu erreichen, um sich in einen anderen Menschen besser hineinzuversetzen:

- Der normale Mensch nimmt wahr. Er sieht, er hört, er fühlt, er riecht und er schmeckt. Dies tut er (meist) nicht bewusst. Es geschieht gleichzeitig und wird meistens nicht bemerkt.
- Der normale Mensch handelt. Er sieht, er hört, er fühlt, er riecht und er schmeckt. (Der Unterschied zwischen diesen beiden Dingen liegt darin, dass das eine passiv, das andere aktiv geschieht.)

- Jeder Mensch beobachtet.
- Er nimmt wahr und ordnet nach seiner Perspektive ein. Ein Beispiel für Perspektiven: Stelle Dich hin und betrachte Dein Zimmer. Sieh genau hin. Nun setze Dich hin und tue das gleiche. Du stellst fest, dass Du anders beobachtest, Du hast einen anderen Blickwinkel – eine andere Beobachterperspektive.
- Jeder Mensch beobachtet anders und hat eine andere Beobachterperspektive.
- Die Beobachterperspektive eines Menschen hängt von seiner Erziehung, seiner Kultur und seinen persönlichen Erfahrungen ab.
- Die meisten Menschen haben zu dem, was sie wahrnehmen oder tun nur jeweils eine Beobachterperspektive.

Jemand, dem es gelingt, ein- und dieselbe Sache aus zwei verschiedenen Perspektiven zu sehen, ist schon viel flexibler als andere Menschen. Er hat mehr Möglichkeiten, sein Verhalten zu verändern. Je mehr Beobachterperspektiven ein Mensch hat, desto flexibler ist er. Dem entspricht auch die Notwendigkeit des Paradigmenwechsels in welchem Zusammenhang wir bereits folgende Aussage geprägt haben:

„Ein Magier muss stets in der Lage sein, Paradigmen zu wechseln wie ein Chirurg sein Besteck.“

Nutze deshalb jede Möglichkeit dies zu trainieren und nimm gemäß den oben aufgezeigten Perspektiven bewusst verschiedene Haltungen ein oder versuche diese bei Deinen Mitmenschen nachzuvollziehen. Hinterfrage dabei diese Menschen ganz genau, denn dies erleichtert es Dir, die jeweils „richtige“ Position einzunehmen. Frage zum Beispiel wie sie welche Situation, welchen Gegenstand, welche Person betrachten. Halte ihre Sichtweise nie für falsch – im Gegenteil, sieh sie als richtig an und betrachte die Welt nach Möglichkeit genauso. Du wirst feststellen, wie sich nach und nach auch Deine Wahrnehmungen verändern. Da unsere Beobachterperspektiven dafür verantwortlich sind, ob und wie etwas wahrgenommen wird, wird durch das Training anderer Beobachtungsperspektiven die Welt mit jeder weiteren Perspektive bunter und vielfältiger, da wir lernen eine Sache aus vielen verschiedenen Blickwinkeln zu betrachten und somit auch Dinge wahrnehmen, auf welche wir ohne diese Praxis nicht aufmerksam geworden wären.

Ausschalten von Störungen

Du hast bereits gelernt, Dich zu konzentrieren. Nun gehst Du in ein Kaufhaus und schaltest auf „Empfang“. Es kann gut sein, dass Dich dort jedoch die Menge der Wahrnehmungen, die Du nun von den vielen Leute um Dich herum erhältst, überrollt. Hier herauszufinden, wer was denkt ohne bei dem „Stimmengewirr“ verrückt zu werden, bedarf einiger Übung und Ausdauer.
Übe also zunächst mit Deinem Partner ohne dabei anzugeben wo Ihr Euch befindet. Beschreibt Eure Umgebung per Telepathie und konzentriert Euch dabei nur auf Euren Partner. Alles, was nicht zu den Gedanken des Partners gehört, wie Umweltgeräusche, Gedanken anderer Menschen, kommentiert Ihr mit Störung und konzentriert Euch weiter auf Euren Partner. Vergleiche anschließend die Ergebnisse mit Deinem Partner und halte diese in Deinem magischen Tagebuch fest.
Als Hilfestellung kannst Du eine Schnur mit Perlen verwenden und bei jedem anderen Gedanken eine Perle weiter schieben, um zu sehen wie oft Du Dich noch in Deiner Konzentration ablenken lässt. Übe solange weiter bis es Dir gelingt Dich mindestens 5 Minuten auf Deinen Partner zu konzentrieren, ohne dabei eine Perle weiterschieben zu müssen. Erst dann wird es Dir gelingen nur noch die Gedanken, der in Deinem Fokus befindlichen Person wahrzunehmen. Trefft Euch dazu in einem gut besuchten Kaufhaus übt dort und haltet Eure Erfahrungen in Eurem magischen Tagebuch fest.

Praxis mit beliebigen Personen ohne deren Wissen

Übe erst mit fremden Personen, wenn Du mindestens 5-mal hintereinander die Gedanken Deines Partners in einer belebten Umgebung richtig lesen konntest und Dich darauf vollkommen störungsfrei konzentrieren kannst. Fange mit kleineren, nicht so belebten Orten an. Begib Dich in den Park oder in ein wenig besuchtes Cafe und suche Dir eine Person aus. Konzentriere Dich auf diese Person. Sei vorsichtig, sie darf es nicht merken, sonst wird sie verunsichert. Hierfür ist es notwendig, dass Du Dich auch bei gleichzeitigen Aktivitäten wie beim Umrühren Deines Kaffees, während des Gehens und Stehens usw. … auf eine Person konzentrieren kannst.

Du brauchst dabei die absolute Kontrolle über Deinen Körper und musst in der Lage sein, einfache Bewegungen ohne Konzentration durchzuführen. Dies übst Du am Anfang in weniger gefährlichen Situationen, denn gerade am Anfang ist es gefährlich, während des Überquerens einer Straße Telepathie zu üben. Übe also anfangs in unverfänglichen Situationen, wie auf einer Parkbank oder ähnlichem, in welchen Du Dich ganz auf die ausgewählte Person konzentrieren kannst.

Sieh sie dazu genau an, dann schließe Deine Augen und sieh durch den Punkt zwischen Deinen Augenbrauen. Imaginiere nun die Person in allen Einzelheiten. Du musst sie ganz klar vor Dir sehen. Höre mit ihren Ohren und fühle mit ihrem Körper. Achte dabei auf Gedanken, die Du überprüfen kannst. Beispielsweise denkt jemand im Café darüber nach, dass er zur Toilette muss. Beobachte, was er als nächstes tut. Nur wenn er dann wirklich zur Toilette geht, warst Du erfolgreich. Sicher, Du musst nicht andauernd auf Leute achten, deren Gedanken Du überprüfen kannst. Aber es ist sinnvoll, immer wieder Überprüfungssituationen zu suchen!
Notiere Deine Erfahrungen anschließend in Deinem magischen Tagebuch.

Wenn Du mehrere Male in einfacheren Situationen erfolgreich warst, begib Dich in schwierigere. Gehe auf die Straße, in ein Kaufhaus, ein gut besuchtes Café oder ähnliches. Wähle auch dort wieder eine einzelne Person aus und übe Gedankenlesen.

Nach und nach wirst Du sicherer werden. Du erlangst eine Fähigkeit, die Dir wirklich in jeder Situation hilfreich werden kann. Stell Dir nur vor, jemand belügt Dich oder Dein Chef will Dir kündigen oder Bürointrigen laufen gegen Dich. Du kannst alles, wirklich alles, was Du willst, herausfinden.

Beachte allerdings, dass Deine Umwelt sehr eigenwillig reagieren wird, wenn Du ihnen ihre eigenen Gedanken sagst. Man wird Dich schnell unangenehm finden und Dir aus dem Weg gehen, deshalb ist es besser, wenn Du diese Fähigkeit für Dich behältst.

Halte auch hier wieder Deine Erfahrungen in Deinem magischen Tagebuch fest.

Gedankenmanipulationen

Die telepathische Suggestion ist ein Bereich der Telepathie, bei welchem eine Brücke zu hypnotischen Vorgängen geschlagen wird. Da auf diese Weise Menschen auch gegen ihren Willen und ihre Überzeugungen zu Handlungen veranlasst werden können, sollte dieser Bereich mit größtem ethischem Verantwortungsbewusstsein praktiziert werden. Wir erinnern uns an die Geschichte in welcher der Schwarzmagier Borton Stay Menschen gegen ihren Willen zu seinem Vorteil instrumentalisierte. Die Verlockung ist gerade in diesem Bereich sehr stark, doch sollte stets daran gedacht werden, dass gerade diese Techniken eine sehr starke karmische Belastung hervorrufen, welche mitunter sehr schnell nach Ausgleich strebt.
Bevor wir uns jedoch den Techniken widmen, sollen zunächst einige Laborversuche erwähnt und zur Veranschaulichung genannt werden.

Fall 1. Ohne ihr Wissen wurde der im Nebenraum sitzenden Versuchsperson gedanklich der Befehl erteilt, die Arbeit hinzulegen und das Zimmer zu verlassen. Nach ungefähr fünfzehn Minuten erhob sich die junge Dame und ging hinaus. Sie erklärte: „Eine unheimliche Macht habe sie getrieben, gegen ihren Willen aufzustehen."

Fall 2. Ein anderer Herr, dem ebenfalls durch Willensübertragung befohlen worden war, sein Zimmer zu verlassen und zu dem im Nebenraum befindlichen Experimentator zu kommen, schlief sogar ein und trat geschlossenen Auges bis an dessen Schreibtisch.

Fall 3. Im Hintergrund sitzend, scheinbar mit einer Lektüre beschäftigt, schläferte der Experimentator eine nichts ahnende, mit einem Dritten plaudernde Versuchsperson ein. Einfach durch magisches Bilddenken, indem er sich vorstellte, wie die von ihm telepathisch beeinflusste Person zusehends müder wurde und schließlich von Müdigkeit übermannt dem unwiderstehlichen Schlafbedürfnis nachgab und einschlummerte.

Wer bereits gute Erfolge beim Lesen von Gedanken fremder Menschen hat und dies trotz Störeinflüsse, wie das Vorhandensein reger Betriebsamkeit, auch auf Distanz ohne große Probleme zustande bringt, der kann dazu übergehen nun die Fertigkeit zu erlernen mit welcher die Gedanken anderer Menschen nicht nur beeinflusst, sondern geradezu vorgegeben werden können. Jedoch wird nur derjenige in dieser Disziplin erfolgreich sein, welcher alle bis dahin in diesem Ausbildungsmanuskript behandelten Übungen, sei es für den Sender oder für den Empfänger, wie auch die Techniken des astralen Austrittes gut beherrscht, da wir bei dieser Disziplin in der Lage sein müssen, unser Bewusstsein in das des Empfängers hinein zu verlegen, was wir mit unserem Projektionskörper im Bereich des Astralwanderns bis zu diesem Zeitpunkt zur Genüge geübt haben sollten. Wenn uns dies gelingt, so wird nun, wie bei einer Hypnose, das Gewünschte dem Empfänger telepathisch einsuggeriert. Dabei ist es jedoch von Wichtigkeit zu imaginieren wie dies der Empfänger mit seinen Sinnen wahrnimmt, und dieser die suggerierten Gefühle und den Willen des Senders als sein eigenes Bedürfnis annimmt und mit stärkster Überzeugung ausführen möchte.

Praxis mit beliebigen Personen ohne deren Wissen

Wie auch beim Gedankenlesen sollte dies zunächst mit einem festen Partner in einem Raum geübt werden. Dann in getrennten Räumen und schließlich auf Distanz. Wenn dies gut funktioniert sollte man mit seinem Partner ebenfalls in einem Kaufhaus üben oder in Situationen mit Störeinflüssen. Erst wenn auch dies keine großen Probleme mehr bereitet sollte man sich an fremden Menschen erproben, da dies die höchste Schwierigkeitsstufe darstellt. Achte jedoch bei Übungen mit fremden Personen darauf, dass keine Dinge suggeriert werden, welche diesen unangenehm sein könnten!
Übe dies zunächst an Orten, in welchen keine großen Störeinflüsse stattfinden und sich nur wenige andere Menschen aufhalten. Ein Park ist mit seinen Bänken dazu gut geeignet. Setze Dich in die Nähe einer Person, welche dort schon länger verweilt und tue so, als ob Du konzentriert eine Zeitung liest. Konzentriere Dich nun auf diese Person und suggeriere dieser zunächst etwas Banales, wie die Schuhe neu zu binden. Verlege dabei Dein Bewusstsein in diese Person und fühle wie diese der Drang überkommt diese Suggestion auszuführen. Vergiss auch hier nicht, Deine Erfahrungen in Deinem magischen Tagebuch festzuhalten.

Bei Manipulationen aus der Ferne wird der Empfänger so behandelt, als ob sich dieser direkt zugegen befindet. Der Sender konzentriert sich dabei stark auf den Empfänger bis er diesen plastisch vor sich sieht. Nun gestaltet der Sender im Geiste bildhaft das von ihm Beabsichtigte, zum Beispiel das Ausschalten einer Funktion wie z. B.: sich nicht bewegen können, nicht sprechen zu können usw. … Der Sender verlegt alsdann sein Bewusstsein in den Körper des Empfängers wo er das empfindet, was suggeriert wurde bis die Suggestion zur Überzeugung des Empfängers wird.

Hilfsmittel

Bei telepathischen Übertragungen auf kleinere oder größere Strecken können magische Spiegel oder Kristallkugeln verwendet werden. Der Sender setzt sich dabei vor die Kristallkugel oder den magischen Spiegel und imaginiert das Bild des Empfängers und stellt sich dabei vor wie sein Versuchspartner leibhaftig aus der Kugel oder dem Spiegel blickt.

Der Empfänger muss nicht unbedingt über die gleichen Hilfsmittel verfügen, empfehlenswert ist es jedoch, die gleichen Hilfsmittel als Kommunikationsmittel zu verwenden, da dies den Kontakt erleichtert. So ist es förderlich wenn auch der Empfänger zur verabredeten Stunde in die Kugel oder den Spiegel sieht und sich darin auch seinerseits den Sender lebhaft vorstellt und empfangsbereit der zu erwartenden Eindrücke harrt.

Bei fremden Personen ist es von Vorteil über Fotos und eine Beschreibung des Charakters des entsprechenden „Empfängers" zu verfügen, mit welchen man sich besser auf die Person einstellen kann. Dies erleichtert nicht nur die Imagination, sondern fördert sympathiemagisch den Kontakt zu der Zielperson welcher zusätzlich durch Odträger wie Haare oder getragene Kleidungsstücke (wenn man sich solche beschaffen kann) der entsprechenden Person verstärkt werden kann.

Telepathische Beeinflussung

Dieses Ausbildungsmanuskript wäre unvollständig, wenn es nicht auch auf die Gefahren, hinweisen würde, die dem Nichtsahnenden von Seiten gewissenloser Telepathen möglicherweise drohen.

Sich gegen derlei Machenschaften gilt es sich durch die erforderlichen Schutzmaßnahmen abzugrenzen.
Jedoch müssen es nicht unbedingt beabsichtigte Manipulationen sein. Jeder strahlt Gedankenimpulse aus, die sehr wohl imstande sind in einem empfangsbereiten Gemüt bestimmte Empfindungen zu erwecken, die sich in entsprechende Vorstellungsbilder umsetzen. Ungewollte Gedankenübertragungen kommen weit häufiger vor als man „denkt" und da diese zum Teil wirkungsvoller sind als die wesentlich seltener vorkommenden, mit Absicht vollzogenen, telepathischen Praktiken, gilt es sich gerade in diesem Bereich abzuschirmen. Dabei sind wir vor allem im entspannten Zustand oder bei herabgeminderter geistiger Tätigkeit für derlei Gedankenströme empfänglich, welche durchaus in der Lage sind, unseren freien Willen zu unterlaufen. Ununterbrochen umschwirren uns Gedankenformen verschiedenartigsten Charakters, welche kurz vor dem Einschlafen und erst recht nachts im Schlafe in unsere Gehirne eindringen, da wir zu diesen Zeiten geradezu wehrlos und offen für den Empfang fremder Gedanken sind, welche unser Denken in nicht gewollte Bahnen steuern können. So kann sich ein andersartiges Fühlen in unser Gemüt schleichen und fremdes unbekanntes Wollen mitunter unsere Willensentschlüsse lenken. Wir merken von alledem noch nicht einmal etwas und sind der Ansicht, wir selbst seien es, die so denken, fühlen, entscheiden und handeln und glauben dabei allen Ernstes, dieser Stimmungsumschwung oder Gesinnungswechsel entspringe eigener Einsicht, eigener Anschauung und Laune, obwohl wir uns oftmals dafür keine Rechenschaft geben können.

Wer in aller Welt käme auch auf die absurde Idee, dass schweifende Gedanken, vagabundierende Energien, mentaler wie psychischer Natur, ein unkontrollierbares Spiel mit uns treiben?

Gefährlich sind dabei jedoch vor allem Irrläufer aus der mentalen bzw. aus der astralen Region, ausgesandt von ethisch Minderwertigen, von Hassern, Neidern, Lüstlingen, Gierbesessenen aller Grade. Manche Untat, von Haltlosen verübt, wäre vielleicht nie begangen worden, hätten nicht fremde Gedankenkräfte von dem Täter dämonisch Besitz ergriffen.
Unvorstellbar ist die Gefahr jedoch, die der Menschheit durch das Denken von Kriegstreibern droht, welche selbst verbrecherische Triebe kriminell Veranlagter in den Schatten stellt. Wie verderblich ihre in der Phantasie begangenen Verbrechen an der Menschlichkeit, ihr berechnendes, kaltblütiges Hinopfern von ganzen Völkern und ihre Profitgier sich so im Nachhinein auf der Realitätsebene auswirken, vermag man sich nicht vorzustellen. Und so verseuchen Gedanken, welche auf Gewalt, auf Mord und Zerstörung ausgerichtet sind, das mentale Schwingungsfeld unseres Planeten und vergiften das kollektive Unbewusste der Völker, durch welches sie, dem Gesetz der Resonanz folgend, auf Mordgierige stoßen, welche bereit sind, diese Impulse auszuleben!!

Wir erinnern uns in diesem Zusammenhang an die folgende Aussage von Eliphas Levi, welcher unter diesen Umständen wohl weitaus mehr Bedeutung beigemessen werden muss, als wir uns das zunächst vorstellen konnten:

„Kontrolliere deine Gedanken, denn diese werden sich zu Worten formen. Achte auf deine Worte, denn diese werden deine Taten bestimmen. Überdenke deine Taten denn sie werden zu Gewohnheiten und diese sind es, welche dein Schicksal besiegeln.“

Diese Ermahnung sollte nun dahingehend ergänzt werden, dass wir die uns dominierenden Gedanken stets daraufhin überprüfen sollten, ob es sich hierbei wirklich um unsere eigenen Gedanken und Emotionen handelt und ob diese mit unseren Überzeugungen und Glaubenssätzen übereinstimmen. Zu schnell laufen wir sonst Gefahr ein uns nicht zugedachtes Schicksal zu erleiden, oder gar das Opfer telepathischer Manipulationen zu werden....

Im Gegensatz zu der Gefahr jedoch, die durch die unbewusste Infiltration fremder Gedanken ausgeht, welche als morphogenetische Felder in unser Unterbewusstsein dringen, sind beabsichtigte Fernbeeinflussungen im gewöhnlichen Alltagsgeschehen relativ unwahrscheinlich, da diese noch sehr in den Kinderschuhen stecken und glücklicherweise dort für die meisten auch weiterhin stecken bleiben werden.
Wohin kämen wir auch, wenn das Erlernen dieser Geistesdisziplin jedermann möglich wäre? Gewaltmenschen jeglicher Schattierung unterjochten allerorts auf unsichtbare Weise ihre Umwelt. Der Gang zu Wahlurne würde zur Farce werden und für den Kriegsfall stünden willenslose Roboter zur Verfügung. Noch gewissenloser wären Verkäufer irgendwelcher Schwindelware und Unternehmen, die jetzt schon das Intimste ihrer Angestellten ausspähen lassen, hätten sicherlich bald ihren Betriebstelepathen, um nötigenfalls mittels Gedankenkraft das Betriebsklima zu „harmonisieren" und die Widerspenstigen gefügiger zu machen. Geheimdienste richteten sicherlich ihnen Missliebige fernmagisch hin. Wehe uns, kämen immer mehr in den Besitz der Gabe, nach Belieben aus unserem Bewusstseinsinhalt zu schöpfen oder diesen für ihren Vorteil zu manipulieren.

Doch zur Beruhigung: Telepathen von der dunklen Seite und zugleich Könner von Format gibt es offensichtlich sehr, sehr wenige, denn sie werden innerhalb kürzester Zeit von ihrem Karma heimgesucht, so dass diese in der Regel keine Zeit haben ihre Fähigkeiten entwickeln zu können. Und diejenigen darunter, welche in der Lage sind den Ausgleich für ihr schöpfungsverhöhnendes Tun zunächst von sich fernzuhalten, werden die dazu erforderliche Kraft sicherlich nicht sehr lange aufbringen, bis sie die eigene Saat einholt und so ihrem Treiben ein Ende setzt.
Fraglos ist es jedoch von Vorteil, über deren Machwerke orientiert zu sein und zu wissen, wie solchem Tun begegnet werden kann. Aus diesem Grund ist für den Adepten die Fähigkeit, sich gegen derlei telepathische Einflussnahme abzugrenzen, fast schon wichtiger als die eigentliche Ausübung dieser Geistesdisziplin.

Beispiele für telepathisch schädigende Einflüsse

Häufiger als man annimmt, ereignen sich geistige Diebstähle. Naturgemäß zählen sie zu den nicht beabsichtigten Schädigungen. Der Erfinder, nachsinnend einer neuen Konstruktion, der Dichter, in Gedanken seinen Stoff gestaltend, wundere sich nicht, wenn zur selben Zeit, an verschiedenen Orten, ähnliche oder gar dieselben Ideen auftauchen. Wobei offen bleibt, wem eigentlich die Priorität zugesprochen werden darf, da in den mentalen Bereichen doch einer den andern beeinflusst. Ideen liegen buchstäblich in der Luft, fördernde wie verderbliche. Jeder von uns bestimmt mit, welche Art Gedanken überwiegen. Verliebte Gemüter sind für Suggestionen leicht zugänglich und für telepathische Beeinflussungen besonders geöffnet. Gefördert wird der telepathische Kontakt Liebender durch die wechselseitige odmagnetische Ausstrahlung des anderen Geschlechtes. Starke psychische Emanationen und enge sexuelle Beziehungen tun ein Übriges zur Stärkung dieses Strahlungsvermögens. Dementsprechend sind Verführer besonders dann erfolgreich, wenn sie über eine starke suggestive Note, sowie über ein beträchtliches Maß an Willensenergie und sexueller Ausstrahlung verfügen. Über die anziehende magnetische Gewalt Verliebter schreibt Goethe:

„Ich habe in meinen Jünglingsjahren Fälle erlebt, wo auf einsamen Spaziergängen ein mächtiges Verlangen nach einem geliebten Menschen mich überfiel, und ich solange an sie dachte, bis sie mir entgegenkam. ‚Es wurde mir in meinem Stübchen unruhig', sagte sie, ‚ich konnte mir nicht helfen, ich musste hierher'."

Folgendes Beispiel zeigt, wie unter solchen Voraussetzungen eine telepathische Suggestion verhängnisvoll werden kann: Eine ernste, sehr korrekte Frau, sie liebte ihren Gatten und war ihm bedingungslos treu, lernte im Berufsleben einen Herrn kennen, der sich für sie interessierte. Obgleich sie sich ihm gegenüber ablehnend verhielt, schien von ihm ein starker telepathischer Einfluss auszugehen, was sie besonders daran merkte, dass sie eine unvermutete Begegnung mit ihm jedes Mal vorher fühlte. Selbst als er fortzog, stand sie weiterhin unter seinem Bann. Obwohl ohne geringstes Interesse für ihn, sah sie ihn überall vor sich. Sie verzweifelte schier und suchte Rat. Was man ihr riet, war das Beste, was in ihrer Lage zu tun übrig blieb. In Augenblicken, wo der unheilvolle Einfluss sie zu übermannen droht, sollte sie, anstelle des hartnäckigen Bewerbers, sofort das Bild ihres Gatten setzen, um so den auf sie eindringenden Gedankenströmen den Zutritt zu verwehren.

Ein weiteres Beispiel von einem Magier aus den Südstaaten der USA, welcher den Ruf hatte, er verstehe es, sich Frauen telepathisch gefügig zu machen. Als dieser daraufhin befragt wurde bestätigte dieser: „Jede Frau, die ich rufe, muss kommen, jederzeit und sofort." Zu einer Probe aufs Exempel aufgefordert, es war während der Zwischenpause im Theater, suchte sich der Magier eine in einiger Entfernung weilende hübsche Blondine als Versuchsperson. Der Magier, schloss die Augen und verfiel in ein starres Brüten. Keine zwei Minuten vergingen, als die junge Dame taumelnd, einer Mondsüchtigen gleich, ihren Platz verließ. Einen Abschluss hatte der Versuch nicht, denn der Magier wurde gebeten auf der Stelle das scheußliche Experiment zu unterbrechen.

Geradezu ein Paradebeispiel, allerdings von der negativen Art, ist das Wirken einer alten Frau welche andere dadurch beeinflusste, indem sie nachts, wenn sie im Bett lag, stark an den jeweils Betreffenden denkt. Recht plastisch stellt sie sich das Objekt vor, wälzt sich unter krampfhaften Anstrengungen dabei im Bett mit dem Erfolg, dass die entsprechende Person, durch die gleichen Erscheinungen beunruhigt wird oder zumindest über kurz oder lang in einen sehr passiven, beeinflussbaren Zustand gelangt. Dieselbe Frau hat bei anderen Alpdrücken dadurch erreicht, dass sie sich platt ins Bett legte und in die Magengegend ein Kopfkissen presste. Den dadurch entstehenden unangenehmen Druck übertrug sie durch ihren Willen und ihre Vorstellung auf ihr Opfer.

Bekannt wurde auch der Racheakt einer Mutter, man kann schon sagen einer Hexe, die, wütend mit einem Stock auf eine Unterlage losschlug, und dabei auf telepathische Weise ihren fernab befindlichen Sohn magisch verprügelte, welcher diese unsichtbare Attacke körperlich schmerzhaft empfand.

Schutzmaßnahmen

Niemand ist jedoch schutzlos hinterhältigen magischen Angriffen preisgegeben, sofern er es nicht unterlässt, einen richtigen Standpunkt einzunehmen. Labile, durch Leiden oder Leidenschaften geschwächte Gemüter sind in der Regel anfälliger als charakterstarke, willenskräftige Naturen. Frauen sollten vor allem vor leidenschaftlichen Verführernaturen auf der Hut sein und sich rechtzeitig deren Einfluss entziehen. Angstzustände, nervöse Spannungen, auch Rauschgifte machen unter Umständen für telepathische Befehle empfänglich. Jedenfalls dürfte die seelische Verfassung der betreffenden Person den Ausschlag geben. Vornehmlich trifft dies in jenen Fällen zu, wo sich der Beeinflusste der ihm feindlichen Gesinnung seines Widersachers bewusst ist und sich dadurch in permanenter Erregung befindet. Dieser seelische Alarmzustand, der telepathischen Angriffen einen aufnahmebereiten Boden schafft, wird mitunter aus diesem Grunde angestrebt und beispielsweise im Voodoo dadurch hergestellt, indem der Bokor seine Absichten dem Betroffenen durch obskure Botschaften wie einen geköpften schwarzen Hahn, oder dergleichen, zur Kenntnis bringt. Angstgefühle schwächen die psychische Abwehrbereitschaft und stärken zugleich das, wovor wir uns ängstigen.

Hinweis:

Bitte denke immer daran, dass nicht jeder, der sich beeinflusst glaubt, auch tatsächlich telepathisch oder sonst wie magisch aufs Korn genommen wird!! Dies festzustellen hatte ich wiederholt Gelegenheit. Bei so manchem existiert der gefürchtete schwarz-magische Verfolger lediglich in der Einbildung desjenigen, welcher damit nur der eigenen fixen Idee zum Opfer fällt!

Kennzeichen telepathisch manipulativer Einwirkung:

- Der betreffende Mensch wird unruhig.
- Seine Selbständigkeit verlässt ihn.
- Er fühlt etwas, was ihm unerklärlich ist.
- Er begeht Handlungen, die ihm vorher absolut nicht in den Sinn gekommen wären.
- Seine Hautfarbe wird bleich,
- Seine Augen glänzen fiebrig und der gesamte Organismus leidet unter diesen Zuständen, solange, bis die gewollte, beabsichtigte Wirkung eingetreten ist.

Schutz durch Autosuggestion

Wir erinnern uns welche Umstände eine Übermittlung erleichtern und knüpfen an dem vorhin Gesagten an. Keine Angstgefühle hegen! Keinerlei Unterstützung des Fremdeinflusses durch falsches Verhalten. Gemeinhin wird eine Suggestion erst wirksam, wenn sie der Suggerierte akzeptiert, das heißt, wenn sie sich in ihm in Autosuggestion umsetzt. Zweifellos gilt diese Tatsache ebenso für die telepathisch erteilte Suggestion. Nur vollzieht sich hier die Annahme des gedanklich Übermittelten im Unterbewussten, ohne geringstes Zutun des Wachbewusstseins. Bei der üblichen Wortsuggestion ist der Suggestor in der Lage ein bereitwilliges Hinnehmen des gegebenen Befehls zu bewirken, wodurch letztendlich das Experiment glückt. Bei der telepathischen Suggestion, welche ohne das Wissen und Zustimmung der Versuchsperson vonstattengeht, fallen diese förderlichen Begleitumstände fort, jedoch entfällt dabei auch die Kontrolle unseres Wachbewusstseins, wodurch der Suggestion Vorschub geleistet werden könnte.

Normalerweise wird uns eine ohne unsere Einwilligung erteilte telepathische Suggestion stets unvorbereitet treffen. Aufgabe somit ist es, dem vorzubeugen und das Unterbewusstsein rechtzeitig abzuschirmen, seine Ansprechbarkeit weitgehend herabzumindern, was einer Herabminderung der Suggestibilität gleichkommt.

Schon im Alltag, im Umgang mit Menschen, im Umgang mit Presse, Rundfunk, Fernsehen und Reklame, sollten wir bestrebt sein, unsere Suggerierbarkeit abzulegen. Als einer der Königswege hierzu wird jener der Vergeistigung gepriesen, denn mit zunehmender Vergeistigung und höherer Bewusstwerdung werden die Möglichkeiten der Suggestion geringer.
Daher auch die leicht beeinflussbare Psyche der breiten Masse, zu der auch viele Intellektuelle zählen, denn Intellekt hat mit Vergeistigung wenig oder nichts zu tun, denn Vergeistigung zielt auf ein höheres Wachsein oder eben bewussteren Sein ab.
Hypnotiseure schützen ihre Medien vor unerwünschten Eingriffen ihrer Zunftgenossen durch einen entsprechenden Suggestionsbefehl, ungefähr des Wortlautes:

„Keiner, wer es auch sei, ist imstande Sie zu hypnotisieren. Alle nicht von mir gegebenen Suggestionen prallen wirkungslos von Ihnen ab, gleichgültig ob Sie wachen oder schlafen. Selbst dann nicht, wenn Sie es wollten."

Abgewandelt, eignet sich diese Suggestion ebenso als Selbstbefehl, welche dazu als Formel, wie die folgende, immer wieder mantrisch gesprochen werden sollte:

***„Ich bin wach. Ich bin jederzeit Herr meiner selbst und meiner Entschlüsse.
Stets wird mein Wille dominieren."***

Was immer wir über den Schutz vor missbräuchlicher Suggestion, Hypnose und Telepathie, wie sie in den dunklen Künsten zur Anwendung kommt, hören und lesen, läuft mehr oder minder immer auf eine Abschirmung gegen schädliche Fremdeinflüsse Kraft eines gestählten Willens und eines hierdurch entsprechend abgesicherten Unterbewusstseins hinaus, was durch die Druiden mit dem Lichtschild beschrieben und später als Härtung der Aura bezeichnet wurde.

Aber ein ausgeprägt starker Wille, weil selten angeboren, setzt eine harte Schulung voraus. Abzulegen sind alle Angstgedanken damit

diese nicht zu Zwangsgedanken werden und wir dadurch nicht beherrscht werden können, sowie überhaupt alle negativen Gedanken, vor allem Gedanken des Zweifels, der Mut- und Energielosigkeit.
Die Bewusstseinsinhalte, soweit sie eben der Beobachtung zugänglich sind, müssen durch Selbstbesinnung bloßgelegt werden, wozu sich am besten die tägliche Meditation eignet. Scharf zu prüfen sind die Wünsche in ihrer Vielfalt. Wobei festzustellen ist (oft kein leichtes Unterfangen) in wieweit das Verlangen aus uns selbst herrührt und was daran unerklärlichen Ursprungs zu sein scheint. Zu sammeln ist die gesamte Gedanken-, Seelen- und Willenskraft zu einem einzigen energiegeladenen Machtkomplex.
Folgerichtig bedarf es hierzu eines ausgeprägten Vorstellungsvermögens, gestützt auf vollendete Konzentration, errungen durch uneingeschränkte Aufmerksamkeit, durch größtmögliche Gedankenbeherrschung im Exerzitium wie im alltäglichen Tun.

Schutz durch die mystische Konzentration

Konzentration als eine der ausgezeichnetsten Schutzmaßnahmen fordert auch der Prager Mystiker Karl Weinfurter und zwar eine ganz bestimmte Form: die „mystische Konzentration“. Die Aufmerksamkeit ist hierbei auf die Brustmitte zu richten, auf das geistige Herz oder das göttliche Ich, welcher als Mittelpunkt unseres Wesens angesehen wird und auch mit Hara bezeichnet wird. Karl Weinfurter führt dazu folgendes aus:

„In dieser tiefsten Tiefe unseres Ich glüht der göttliche Funke, auf den wir uns konzentrieren sollen. Durch diese Konzentration bilden wir um uns eine unsichtbare Mauer, die uns wie eine Festung schützen wird. Diese Mauer ist ein unsichtbarer Wirbel, die jeder um sich bildet, wenn er sich stetig auf das göttliche Prinzip oder das unsterbliche Ich in seinem Innern konzentriert.“

Mit dieser unsichtbaren Mauer ist die Pithakraft (auch Od-, Mana-, Chi- oder Pranakraft) gemeint. Weinfurter versichert, wer längere Zeit hindurch die mystische Konzentration übt, bildet so automatisch

eine hohe Pitha um sich. Diese Pitha begleitet ihn fortwährend, so dass er immer geschützt ist.
Das Ergebnis der mystischen Konzentration kann dabei durch die beschriebenen Mantras weiter verstärkt und beschleunigt werden, weswegen sich eine Kombination dieser Techniken geradezu anbietet. Doch folgen wir dem Rat Weinfurters und bringen wir vorerst unser Gemüt durch ein langes Einatmen und Ausatmen, wie wir dies bereits aus der Meditation her kennen, in Gleichgewicht welches, ähnlich wie die körperliche Entspannung, eine Voraussetzung für die Bildung des Od- oder Pranamantels darstellt.

Schutz durch eine abwehrbereite Aura

C.W. Leadbeater empfiehlt ein Gehäuse von komprimierter Astralmasse um sich herum zu ziehen, indem man sich vor dem Einschlafen auf die Aura konzentriert, mit der Vorstellung, „dass die äußere Oberfläche ein Gehäuse werde, welche gegen die Einflüsse und Beunruhigungen von außen schützt". Der Theosoph vertritt die Überzeugung, dass die aurische Materie dem Willen gehorcht und sich tatsächlich ein Gehäuse um den Körper bildet, das fremden Gedankenformen den Zutritt verwehrt und den eigenen Gedankenstrom geschlossen hält.

Im Odmantel, der jederzeit gezogen werden kann (tunlichst jeden Morgen und abends vor dem Schlafengehen), haben wir eigentlich dieselbe Praxis, nur tritt zu der geistigen Einstellung noch die manuelle Tätigkeit der Odverteilung um den Körper hinzu.
Wirkungsvoller noch dürfte sich der auf dem gleichen Prinzip beruhende Runenschutzmantel erweisen, bei welchem obendrein schützende Runen um uns herum imaginiert werden und so die Kraft der Runen mit einbezogen wird.

Sei es „astrales Gehäuse", sei es Od- oder Runenschutzmantel, stets ist es ein Erzeugen, ein Bilden, ein Formen einer dichten fluidischen Hülle, aufgeladen mit starken Gedanken des Schutzes, der Abwehr, die gewissermaßen dadurch zu einem feinstofflichen Panzer wird, an dem feindliche Gedankenformen wirkungslos abprallen.

Zusätzlich können die Räume, in denen wir uns aufhalten, vornehmlich der Schlafraum, imprägniert werden, so dass schädliche Psychogone und übelwollende Astralwanderer einen unüberwindlichen Wall vorfinden, der jeder ihrer Anstrengungen Halt gebietet. Dies geschieht mit Hilfe starker Abwehrgedanken, außerdem durch Aufladen des Raumes mit Runenkräften. Bei dieser Operation, sowie beim Ziehen des Runenschutzmantels, wird der mit Runen Vertraute mit dem folgenden kurzen Ritual der Hagalrune schließen:

Ritual der HAGALRUNE

Die HAGAL-Rune, ist die Runenmutter und gilt als das hegende, schützende Prinzip. Wir symbolisieren sie durch den HAGAL-Runengriff. Innenhandflächen weisen zueinander. Die rechtwinkelig davon abstehenden Daumen berühren sich mit den Spitzen leicht.

1. Aufrecht stehend, Arme hoch über dem Kopf erhoben, Hände zum Griff gestaltet. Dreimal das Runenwort HAGAL leise hauchen. Das **H** etwas länger haltend. Danach mantrisch, kräftig: ***„Schützende Kräfte des Alls strömen mir zu“***
2. Unter dreimaligem HAGAL und Beibehaltung des Runengriffes Arme langsam herabführen zur Brusthöhe. Griff unbeweglich vor der Brust, mantrisch; mit stärkster Verinnerlichung: ***„Schützende Kräfte des Alls wirken in mir“***
3. Wieder dreimal HAGAL, raunend mit nach innen gewandtem Blick: und als letztes Mantra: ***„Schützende Kräfte des Alls wirken durch mich.“***

Bei „durch mich“ Arme nach vorne strecken, Hände nach oben gewinkelt, die ebenfalls rechtgewinkelten Daumen berühren sich leicht, Innenhandflächen weisen nach vorn. Ausstrahlend! Wieder dreimaliges, jetzt drehen im Sonnenlauf, nach allen Himmelsrichtungen das kraftstrahlende HAGAL vibrieren und, verbunden mit dem Aussenden abwehrender, schützender Strahlen und Gedanken, mit der rechten Hand schlagen. Abschließend Arme über der Brust kreuzen (Fingerspitzen am Schulteransatz) und gegen Osten verneigen.

Wesentlich ist, dass es nie an der nötigen Hingabe fehlt. Besonders dieses Ritual erfordert eine starke meditative Einstellung, um die einfließenden hegenden und schützenden Allströme zu erfühlen.

Schaffung abwehrbereiter Psychogone

Die Erzeugung von Gedankenformen, Psychogone, Imagospurien oder wie wir derlei Elementare sonst bezeichnen wollen, kann als Abwehrmechanismus ebenfalls gute Resultate erzeugen. Eine ebenso gewöhnliche wie wirkungsvolle Methode ist diesbezüglich durch konzentrierte Anstrengung des Willens eine künstliche Elementarform zu bilden, um den eigenen Körper, einen Raum oder gar ein ganzes Gebäude zu bewachen. Eine so hergestellte Elementarform ist ein aufmerksamer und außerordentlich effizienter Wächter. Dem für einen solchen Zweck gebildeten Elementar muss dazu nur der Impuls eingeprägt werden, alles Ungewollte, Fremde oder gar Nachteilige vehement zurückzuschleudern.

Wohlinformierte grenzwissenschaftliche Forscher hegen die Überzeugung, Magier des alten Ägyptens beherrschten diese Kunst in höchster Vollendung. Imagospurien, man kann wohl sagen künstlich geschaffene Dämonen, hielten an den Sarkophagen der Pharaonenmumien Wacht, jeden unnachsichtig verfolgend, der die Ruhestätte entweihte. Gedankenkräfte gewissermaßen, hoch potenziert, geladen mit gewaltigen Willensimpulsen, zielend auf Schutz, Abwehr und im Falle des Versagens auf unerbittliche Rache. Hinweg über Jahrtausende greifend, wie mancher Archäologe und seine Mitarbeiter am eigenen Leibe zu spüren bekamen; denn dass der Fluch der Pharaonen durchaus kein abergläubisches Gerede ist, dafür bürgen Fachleute von Ruf, darunter der in Magie und Mystik wohlverdiente englische Journalist und Orientreisende Paul Brunton.

Zuhilfenahme von Symbolen, Amuletten und Talismanen

Vermerkt sei ferner eine zusätzliche Verwendung von Schutzzeichen wie Kreuz, Pentagramm, Heptagramm, schützende und Gefahren abwehrende Runen und Symbole ähnlichen Charakters. Des Weiteren die Verfertigung von Amuletten, Talismanen und Glyphen; in erster Linie solche des Heils, deren Herstellung auf kabbalistischer oder runischer Basis beruht. Ein solches Symbol kann dann beispielsweise unter dem Bett, sowie an den Öffnungen eines Zimmers, wie an Türstöcken oder Fensterstöcken, angebracht werden, um dort den Zugang zu dem entsprechenden Raum zu verwehren. Weiter können Sprengglyphen an solchen Öffnungen angebracht werden welche alles ungebetene, negativ Wirkende durch ihre zersetzende Kraft sofort auflösen. Hier ist jedoch Vorsicht bei der Terminierung der Glyphen geboten! Denken wir nur daran was passieren könnte, wenn uns ein uns liebendes Wesen aufsuchen möchte, um sich vor Ort zu vergewissern, dass es uns gut geht…

Direkte Gegenwirkung

Ist die Person bekannt, von der der telepathische Einfluss ausgeübt wird, operiere man wie folgt:
Spät abends oder nachts, zu einer Zeit also, wo anzunehmen ist, dass der magische Übeltäter schläft, stelle man sich mit geschlossenen Augen diesen so deutlich wie nur möglich vor. Steht die imaginär erzeugte Gestalt greifbar und plastisch vor uns, so spreche man mit dieser so, als ob der Betreffende leibhaftig anwesend wäre. Man suggeriere ihm Abscheu vor seiner niederträchtigen Handlungsweise, warne ihn vor der Gefahr, die er als Folge des karmischen Rückschlages über sich heraufbeschwört, appelliere sodann an die in jedem Menschen schlummernde Kraft des Überbewusstseins, und erkläre diesem, dass man unter hohem Schutz steht, und was das Ergebnis weiterer Attacken sein wird. Weiter dass unser stahlharter Wille, eins mit dem kosmischen URWILLEN, sieghaft dominiert, mag herantreten was immer auch, wir demzufolge Herr seien über unsere wie seine Handlungen.

Jeder dieser Gedanken wird in einem kurzen, prägnanten Satz gefasst, jede negative Formulierung streng vermieden. Kein „schädlich“, „will“, „muss“, „nicht“ und derlei, das Unterbewusstsein in falsche Bahnen lenkende, Ausdrücke. Hinlänglich von der Autosuggestion her bekannt ist auch, dass für den Selbstbefehl wie für die Suggestion überhaupt, eine gewisse Müdigkeit sowie ein leicht abgedämpftes Bewusstsein günstig sind. Die beste Zeit für solche telepathischen Manipulationen sind daher, die Augenblicke vor dem Einschlafen und die des Erwachens.

Ansonsten jedoch vermeide man es, an den Übeltäter zu denken. Keine negativen Gedanken hegen, schon gar nicht Hass- und Rachegedanken senden! Denn sonst laufen wir Gefahr dass wir dadurch das Kraftfeld desjenigen damit stärken und unser eigenes schwächen. Unser Schutzmantel würde durch die Kraft der Resonanz Risse bekommen, da wir nun auf gleicher Ebene stehen und empfänglich für diese Gedanken werden.
Sinngemäß können auch bei der direkten Gegenwirkung der magische Spiegel oder eine Kristallkugel mit einbezogen werden. Auch hier erleichtern Lichtbilder oder Odträger des Betreffenden diese Arbeit und unterstützen diese sympathiemagisch.

Weitere Bücher von Raskasar aus dieser Reihe:

Die Runen und das Ogham, ISBN 978-3-89094-475-3

Mit den im Buch enthaltenen Informationen werden praktische Ansätze vermittelt, um mit den Runen wie mit dem Ogham zu arbeiten. Es werden Anleitungen zur Herstellung eines Runen- und eines Ogham-Sets gegeben wobei die Symbole ausführlich erklärt werden. Ferner wird auf die alte Zeitrechnung, den Mondkalender, eingegangen. Eine Auflistung der Feste sowie der Götter runden das Werk ab und vermitteln das nötige Hintergrundwissen.
Die hier vorgestellten Praktiken sollten nur von denjenigen angewendet werden, die sich intensiv mit den geheimen Techniken auseinandergesetzt haben und Magie als Lebensanschauung, nicht als Experimentierfeld betrachten.
Wer jedoch eine fundamentale Einweisung sucht und den magischen Weg als Lebensaufgabe sieht, wird mit den hier vorgestellten Ausführungen ein Werk vorfinden, das ohne viel mystische Verschleierung auskommt und zielführend ist. Demjenigen seien auch die anderen Publikationen des Ordo Arcanum de Hermetica ans Herz gelegt, die ihm auf seinem Weg eine wertvolle Stütze sein werden.

Die vier Elemente in der Magie, Symbole der Autorität, ISBN 978-3-89094-476-0

Mit den hier enthaltenen Anleitungen werden praktische Ansätze vermittelt, um erfolgreich mit den vier Elementen zu arbeiten. Weiter werden grundlegende Techniken im Bereich der Elementarevokation dargestellt und die Herstellung, Ladung und Verwendung der elementaren Waffen erörtert. Wer im Bereich der Magie fundamentale Einweisung sucht und den magischen Weg als Lebensaufgabe sieht, wird mit den hier vorgestellten Ausführungen ein Werk vorfinden, welches ohne viel mystische Verschleierung auskommt und zielführend ist. Demjenigen seien auch die anderen Publikationen des Ordo arcanum de Hermetica ans Herz gelegt, welche Ihm auf seinen Weg bestimmt eine wertvolle Stütze sein werden.

Edelsteine und das siderische Pendel, von Frater Raskasar, Sor. Kysira, ISBN 978-3-89094-693-1

Die Verwendung von Edelsteinen hat innerhalb der Magie und der Heilkunde eine jahrtausendealte Tradition. Der Magier schätzt sie vor allem als Akkumulatoren, welche die für die Arbeit notwendige Energie zur Verfügung stellen oder als Speicher von Informationen und des Bewusstseins verwendet werden können. Auch ihre Heilkräfte sind von unschätzbarem Wert, darum gehört das Wissen über die Edelsteine zu den Grundlagen aller magischen Traditionen.
Der Umgang mit dem siderischen Pendel ist aus der Magie nicht mehr wegzudenken. Stellt dieses Werkzeug doch eine wertvolle Hilfe dar, um eine Brücke zum Unterbewusstsein zu bauen, welches mit den morphogenetischen Feldern und den Akasha-Chroniken korrespondiert, um somit eine Antwort zu den allermeisten Fragestellungen zu erhalten, wenn das dazu notwendige Wissen dabei zur Anwendung gebracht wird.
Durch die praxisnahe Vermittlung aus diesen beiden Bereichen – Edelsteine und Pendel – können die hier vorgestellten Vorgehensweisen erfolgreich in nahezu jede esoterische Arbeit integriert werden.

Kundalini - Die Kraft der schlafenden Schlange,

ISBN 978-3-89094-576-7

Die Erweckung der Kundalini-Kräfte war in vielen Mysterienschulen ein streng gehütetes Geheimnis. Mit der Erweckung der Kundalini erweitert der Adept sein Bewusstsein und entwickelt die feinstofflichen Kräfte, die ihn in die Lage versetzen, spirituelle Arbeiten wie Hellsehen (Aktivierung des Dritten Auges) oder Hellfühlen (Aurasehen) zu leisten. Diese Kräfte werden vom Adepten durch Übung und Ausbildung immer mehr beherrscht und kanalisiert. Wer jedoch im Bereich der Magie fundamentale Einweisung sucht und den magischen Weg als Lebensaufgabe sieht, wird hier ein Werk vorfinden, das ohne mystische Verschleierung auskommt und zielorientiert ist.

Exorzismus, Die Austreibung böser Kräfte,

ISBN 978-3-89094-731-0

Der Glaube an Besessenheit war schon in der Antike allgegenwärtig. In der christlichen Vorstellung ist jedoch schon jeder Nichtchrist irgendwie vom Teufel befallen, daher stellt bereits die Taufe eine Form des Exorzismus dar. Besessenheit, die von realen Phänomenen wie Poltergeisterscheinungen, Hellsichtigkeit, und Befähigungen wie die Psychokinese oder der Telepathie usw. begleitet wird, ist eher selten. Der Exorzismus der Besessenheit ist eine sehr heikle Angelegenheit, die vom Exorzisten eine große psychische und körperliche Stabilität verlangt, wie fundierte Kenntnisse sowohl auf dem Gebiet der Psychologie als auch der Medizin – und natürlich der Magie, insbesondere der Dämonenmagie. Natürlich besteht jedoch kein Zweifel daran, dass der Exorzismus auch eine psychologische Komponente hat. Auf sie führte man auch Krankheiten wie zum Beispiel Epilepsie, Psychosen und Neurosen zurück. Dieses Buch gibt eine praxisnahe Einweisung und Übersicht über Exorzismen und die entsprechenden Handlungsanweisungen wie ein solcher durchzuführen ist.
Es handelt sich bei diesem Buch um die Ausbildungsmanuskripte des hermetisch magischen Ordens OAH (Ordo arcanum de Hermetica), herausgegeben und autorisiert vom Repräsentanten des Ältestenrates des Ordens, Frater Raskasar.

Präkognition, Hellsehen oder das Zweite Gesicht,

ISBN 978-3-89094-732-7

Die Präkognition ist genauso wie die Telepathie eine Geistesdisziplin für welche es keiner speziellen „Begabungen“ bedarf. Sie muss vielmehr mit Ausdauer, Kontinuität und Disziplin erarbeitet werden. Die Grundlage dazu ist in jedem von uns vorhanden. Bei den Druiden sprach man von der Erweckung des Zweiten Gesichtes, in neueren magischen Traditionen spricht man von Hellsichtigkeit. Egal wie wir diese Disziplin bezeichnen, im Allgemeinen versteht man darunter die Fähigkeit, Dinge und Zusammenhänge, welche sich erst in der Zukunft ereignen oder bereits in der Vergangenheit ereignet haben, bildhaft wahrzunehmen. Auch Vorgänge der feinstofflichen Welt, die für unsere körperlichen Sinne im normalen Zustand nicht fassbar sind, sowie diese Welt überhaupt, können wir als Bilder in uns aufnehmen. Dies kann durch Innenschau oder durch ein gesteigertes Wahrnehmungsvermögen, respektive durch eine erhöhte Empfindlichkeit des körperlichen Auges geschehen. Das Hellsehen ist weder an den Raum noch an die Zeit gebunden. Wird dieses Schauen durch den inneren, sechsten oder psychischen Sinn vermittelt, haben wir es mit der Innenschau zu tun, welche unserer Intuition entspringt. Eine Fähigkeit, über die jeder an sich schon verfügt und die man nur „freilegen“ und „aktivieren“ muss.